课本里的中国

光明日报摄影美术部 编

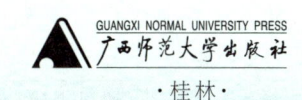

广西师范大学出版社
·桂林·

课本里的中国
KEBEN LI DE ZHONGGUO

图书在版编目（CIP）数据

课本里的中国 / 光明日报摄影美术部编. --
桂林：广西师范大学出版社，2022.10
　　ISBN 978-7-5598-4719-5

　　Ⅰ．①课… Ⅱ．①光… Ⅲ．①中华文化
Ⅳ．①K203

中国版本图书馆 CIP 数据核字（2022）第 019923 号

广西师范大学出版社出版发行

（广西桂林市五里店路9号　邮政编码：541004）
　网址：http://www.bbtpress.com
出版人：黄轩庄
全国新华书店经销
广西昭泰子隆彩印有限责任公司印刷
（南宁市友爱南路39号　邮政编码：530001）
开本：710 mm × 1 010 mm　1/16
印张：15.75　　字数：170 千
2022 年 10 月第 1 版　　2022 年 10 月第 1 次印刷
定价：59.80 元

如发现印装质量问题，影响阅读，请与出版社发行部门联系调换。

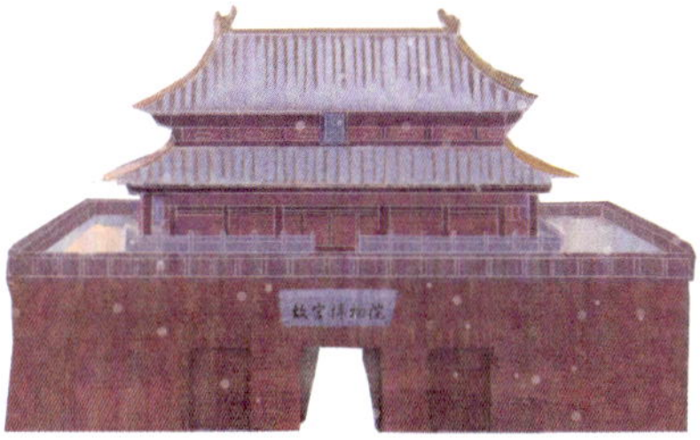
故宫博物院

前　言

课本，即教科书，是民族智慧和文化延续的载体，是一代又一代青少年接受知识的主要来源，也是塑造其精神品格的重要模具。

习近平总书记在给人民教育出版社老同志的回信中指出："百年大计，教育为本。希望人民教育出版社紧紧围绕立德树人根本任务，坚持正确政治方向，弘扬优良传统，推进改革创新，用心打造培根铸魂、启智增慧的精品教材，为培养德智体美劳全面发展的社会主义建设者和接班人、建设教育强国作出新的更大贡献。"

教育改革的实施，教育目标的实现，乃至培根铸魂、立德树人的教育根本任务的完成都要靠教材来落实，而语文课本则是学校为基础教育阶段孩子提供的"精神主食"，这一"主食"将影响孩子们一生的精神趣味和精神品位。

中小学语文课本里有许多名篇佳作和经典诗文，它们大都源自我国悠久的历史，源自我国辽阔大地上的壮丽山河，源自我国多民族灿烂的文化。它们对一代代学子产生了铭心刻骨、历久弥新的影响。也许在最初学习、背诵这些诗文时，对于学生们来说，还只是一种字词句章的学习或者纯文学的学习，而一旦这些文字通过记忆进入他们的内心，随着岁月的增长，就如同一颗颗优质的种子，总会在人生的某个时刻萌发、生长、绽放，到那时，诗文中深刻的哲理、优美的意境、高远的追求，就会内化于心、外化于行，从而深刻、持久地影响他们的人生。

《光明日报》人文地理版近年来推出"课本里的中国"系列专栏报道，以我国中小学语文教材为元素，以省区市为单元，以地理和人文为主线，将各地的历史典故、人物、诗词篇章等内容别具匠心地串联、归纳起来，并进行系统梳理和深入浅出的阐释，用这种新颖的形式，以点带面地唤起了人们儿时在教室里、课堂上留下的美好记忆，激发起广大读者对祖国、对家乡的深厚情感和由衷向往。

为了使读者更全面系统地了解语文课本里的伟大祖国和美丽家乡，我们以人民教育出版社出版的统编语文教材为主要素材，将我国各省区市为单位的共34篇"课本里的中国"系列文章重新编辑并结集出版，以飨读者。

在栏目采写和本书编辑过程中，我们得到了人民教育出版社的大力支持，在此表示诚挚的谢意。本书的成功出版，离不开广西师范大学出版社相关领导和编辑的关心和支持，在此我们谨致以深深的敬意。

鉴于编者水平有限，疏漏之处在所难免，敬请广大读者批评指正。

编　者
2022年7月

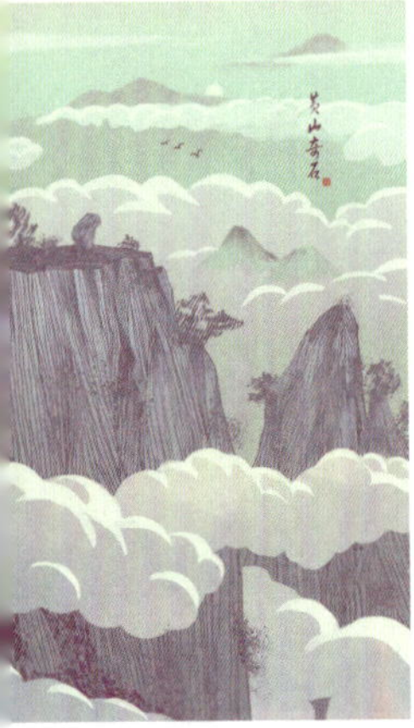
黄山奇石

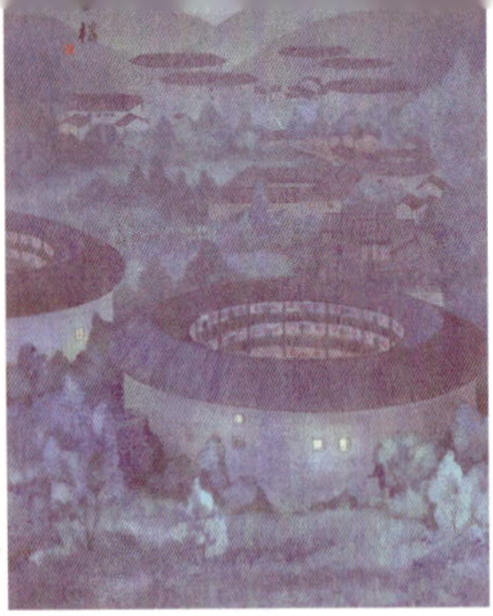

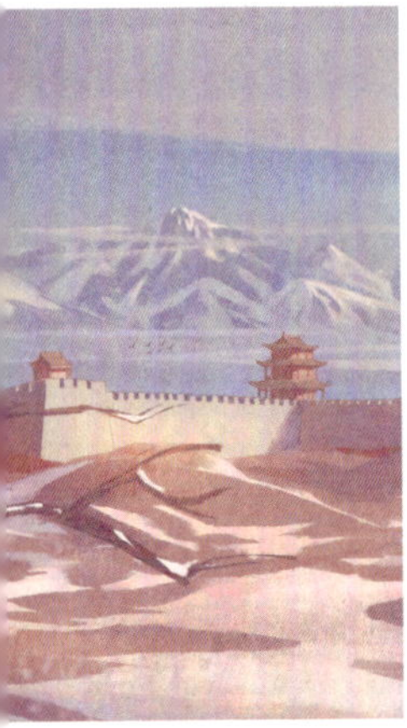

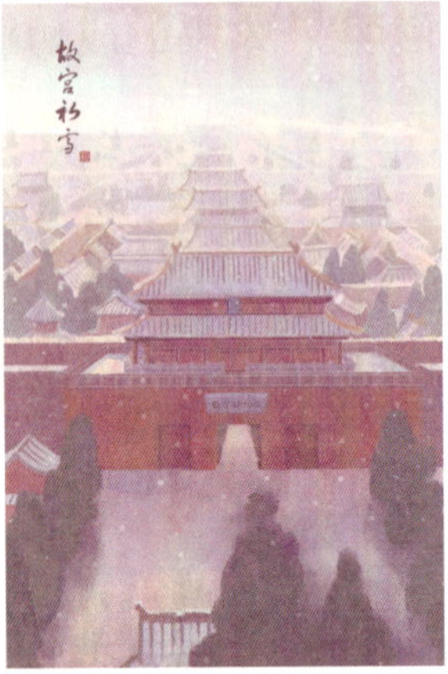
故宫初雪

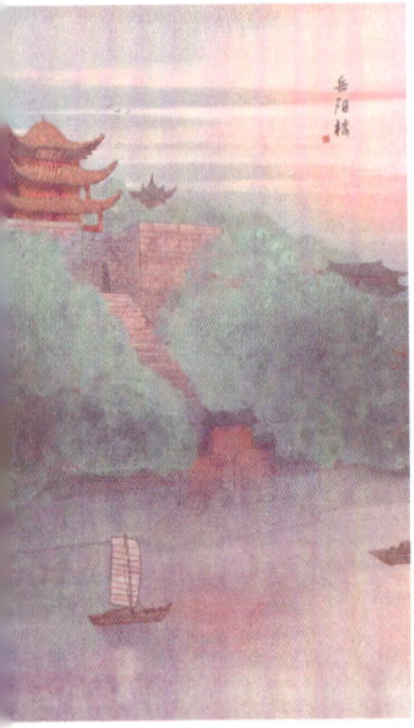
岳阳楼

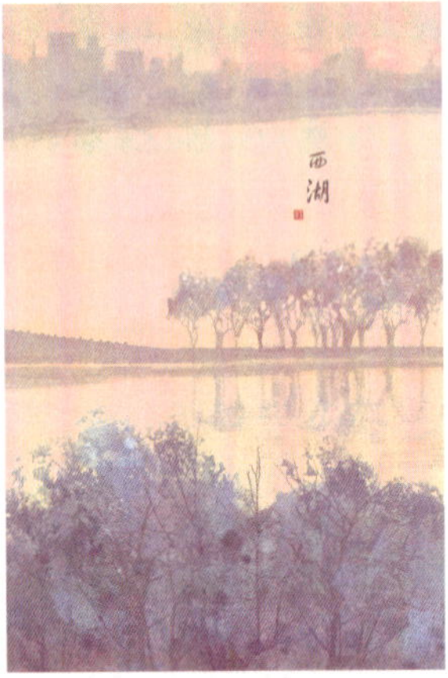
西湖

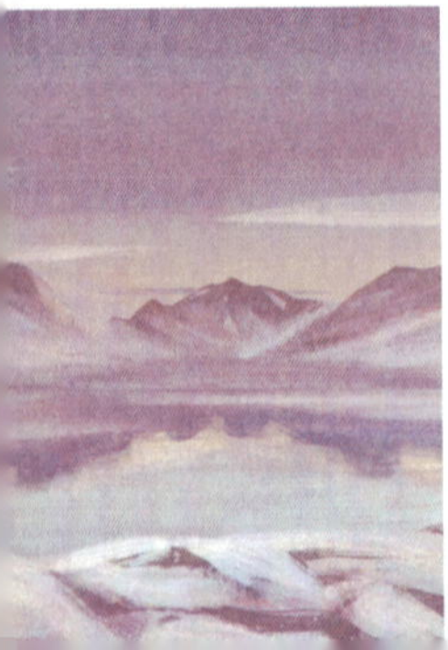

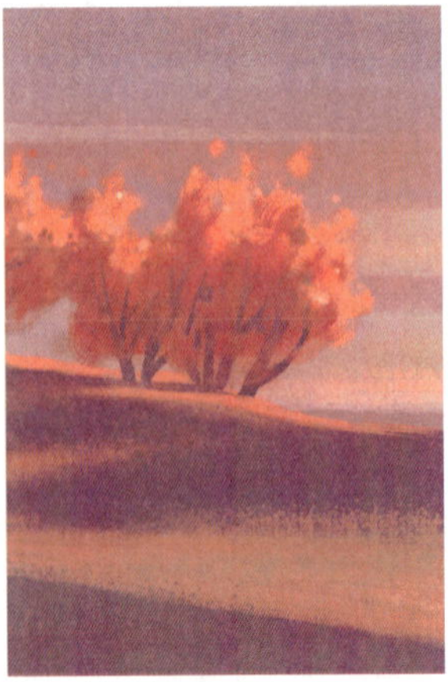

课本里的中国

·目录·

001　课本里的北京

　　作为一座有着3000多年建城史、860多年建都史的著名古都，北京始终是中华文明源远流长的伟大见证者。

009　课本里的天津

　　作为军事卫所，戍守的军士是天津最早的居民。历代屯田士兵给天津地域文化营造出浓郁的军旅气氛，也造就了天津人尚武的豪气和勇毅的性情。

017　课本里的河北

　　抗战时期，八路军在这里英勇奋战，建立了晋察冀、晋冀豫、冀热辽等抗日根据地。解放战争时期，中共中央和中央军委移驻西柏坡，掀开了解放全中国的序幕。从冀东到冀南，从白洋淀到太行山，河北的红色印记无处不在，成为作家们创作的源头活水。

025　课本里的山西

　　课本里的山西在描绘三晋大地壮美景象的同时，更是处处反映出中华民族那种勇往直前、拼搏向上、不屈不挠的精神，正如这巍峨险峻而又雄伟壮阔的巍巍太行、滔滔黄河。

033　　**课本里的内蒙古**

　　拥有广袤森林、草原、湿地、沙漠等众多生态系统的内蒙古更是我国北方重要的生态安全屏障，也是众多野生动植物的栖息地。

039　　**课本里的辽宁**

　　在辽宁抚顺市望花区雷锋路，坐落着一座纪念馆，许多年轻的妈妈指着纪念馆前广场正中戴着红领巾的年轻战士的雕像，给自己的孩子讲他的故事。这里就是雷锋纪念馆。

047　　**课本里的吉林**

　　"忽如一夜春风来，千树万树梨花开"，每逢雾凇降临，唐代诗人岑参的诗句，就会在吉林市松花江畔化作美得动人心魄的冰雪画卷。

055　　**课本里的黑龙江**

　　千万年奔腾不息的黑龙江孕育出了神奇美丽的黑土地。大森林、大粮仓、大油田、大江河，广袤的黑土地有着天地之大美。

063　　**课本里的上海**

　　上海的"大"，更在于胸怀、格局，所谓"海纳百川、追求卓越、开明睿智、大气谦和"，便是上海的城市精神。

071　　**课本里的江苏**

　　长江经由江苏奔流入海，成为这江南水乡的主脉，长江水赋予江苏温润灵动、包容开放的历史文化气息，也把众多江湖河荡连接起来，勾勒出蜿蜒飞舞的轮廓，氤氲的水汽为这片土地笼罩起一层诗意。

079　**课本里的浙江**

　　每当西湖下起雪，朋友圈里总会有三五个朋友晒着不同角度的西湖雪景。而早在千年前，这个全中国共赏同一种美景的使命，就已经由诗词来完成。

085　**课本里的安徽**

　　安徽素有"人文渊薮"之誉，在中华文化由黄河流域向长江流域的推移中，安徽恰好成为承担这一南北转移的通道，让中华文化在广袤的江淮大地上投下了浓重的影子。

091　**课本里的福建**

　　群峰连绵，郁郁葱葱。福建依山而居、三面环山，素有"八山一水一分田"之称，境内武夷山、戴云山、太姥山、冠豸山等大大小小的山脉不计其数。

097　**课本里的江西**

　　如今的江西，井冈山挑粮小道、瑞金沙洲坝红井、庐山秀峰瀑布、九江琵琶亭、湖口石钟山、泰和快阁、南昌滕王阁、上饶秀美乡村……一处处游人如织的景观，与一篇篇课文相印证。

103　**课本里的山东**

　　诗圣杜甫在漫游"五岳之首"泰山时，惊叹于泰山雄伟磅礴、神奇秀美的气象，也抒发了自己不怕困难、勇于攀登、俯视一切的雄心和气概。

109　**课本里的河南**

　　发源于河南省济源市的愚公移山故事代代相传，而历久弥新的愚公移山精神，千百年来始终是中华民族奋发图强、攻坚克难的无穷动力源泉。

117　**课本里的湖北**

　　语文课本里的湖北，出现频次最高的景象是长江。在这个场域里，数千年来，有人遍览山川形胜，感叹大自然奇伟瑰怪；有人触景生情睹物思人，咂摸人生况味；有人登临胜迹咏史怀古，直抒体国经野的胸臆……

123　**课本里的湖南**

　　1925年晚秋，32岁的毛泽东离开故乡湖南韶山，去广州主持农民运动讲习所。毛泽东途经长沙，重游橘子洲，感慨万千，写下这首《沁园春·长沙》。

129　**课本里的广东**

　　除了青山绿水，广东也接受来自大海的馈赠，阳光、帆船、咸咸的海风夹杂着一朵朵浪花扑面而来，那是人们对于大海的神秘向往。

135　**课本里的广西**

　　桂林位于广西东北部，典型的喀斯特地貌，形成了山青、水秀、洞奇、石美的雄伟景观。漓江如玉带般旋绕桂林城区，是桂林山水的灵魂。

143　**课本里的海南**

　　作为我国唯一的热带岛屿省份，海南，是个被大自然宠坏了的地方。这里有最宜人的气候、最清新的空气、最和煦的阳光、最湛蓝的海水、最柔软的沙滩。

149　**课本里的重庆**

　　大山大水始终是这片土地上的人们生活劳作寄情感怀的"大背景"，重振破碎河山和救亡图存的历史大背景，更是在这片土地上孕育了伟大的红岩精神。

155　**课本里的四川**

　　这是诗圣杜甫留给我们的四川景致：黄鹂，翠柳，白鹭，晴空，一幅鲜活的田园画卷；远望，西岭雪山的皑皑白雪清晰可见，而门口停驻的是即将开往东吴的客船。

163　**课本里的贵州**

　　黄果树大瀑布实际上是一个瀑布群，它们的形成缘于珠江源流白水河切断了苗岭的山脊，化作一条条白龙，从天而降。

169　**课本里的云南**

　　城春草木深，孟夏草木长。昆明的雨季，是浓绿的。草木的枝叶里的水分都到了饱和状态，显示出过分的、近于夸张的旺盛。

177　**课本里的西藏**

　　1960年5月，年轻的中国登山队员从珠峰北坡攀缘而上，踏过千年冰雪，翻过万丈巉岩，把鲜艳的五星红旗插上了地球之巅。

183　**课本里的陕西**

　　1936年2月，毛泽东率抗日东征部队自陕北子长县出发抵达清涧袁家沟，穿行在海拔千米的雪塬，伟人胸中有丘壑，腕底起风云！

191　**课本里的甘肃**

　　常在边塞诗中出现的阳关和玉门关分别位于敦煌的西南和西北，建于西汉年间，分别是丝绸之路南路和北路必经的关隘。

199　**课本里的青海**

　　在唐代诗人王昌龄眼中，遥远的青海是长云，是雪山，是黄沙，是边塞将士艰苦的驻守，是金戈铁马的壮志雄心……

207　**课本里的宁夏**

　　在农耕民族与游牧部落对水土的拉锯战中，长城平地而起。宁夏境内长城分布之广、历史跨度之大十分罕见，因此赢得了"中国长城博物馆"之称。

211　**课本里的新疆**

　　进入天山，戈壁滩上的炎暑被远远地抛在后边，迎面送来的雪山寒气，会使你感到像秋天似的凉爽。

219　**课本里的香港**

　　灯火里的维多利亚湾，飘洒着金辉银光。白天一片蓝悠悠的海滨，此刻融下了两岸万千广厦映照的灯光。

225　**课本里的澳门**

　　未到过澳门的人们，对于澳门的了解，除了极具欧陆建筑风格特点的大三巴牌坊，印象最深刻的，大概就是这座陆地面积仅有32.9平方千米的城市之小了。

231　**课本里的台湾**

　　日月潭很深，湖水碧绿。湖中央有个美丽的小岛，叫光华岛。小岛把湖水分成两半，北边像圆圆的太阳，叫日潭；南边像弯弯的月亮，叫月潭。

课本里的北京

70年前,一个伟大的声音在这里宣告"中国人民从此站起来了",中华民族开始走上实现伟大复兴的壮阔道路;70年后,新时代的声音在这里回荡,社会主义中国巍然屹立在世界东方,"中国的明天必将更加美好"。

这里是北京,她所走过的70年,始终与中华人民共和国的发展同频共振、同向同行。

认识北京有很多途径，走进课本里的北京，仿佛置身一座大观园中，丰富、活泼、亲切、讲究。细细品味，这一篇篇课文都与北京作为中国的政治中心、文化中心、科技创新中心和国际交往中心的定位不谋而合。

每天，当第一缕朝阳照在天安门前华表上的时候，我们的国家将以一种特有的庄严仪式开启晨光——

"雄壮的《中华人民共和国国歌》奏响了！嘹亮的乐曲声在天安门上空回荡。鲜艳的五星红旗迎风展开，千万双眼睛追随着冉冉上升的国旗热泪盈眶！一秒，两秒……两分零七秒，国旗升到了旗杆顶端，太阳也跃出了地平线。国旗像一朵红霞和太阳一同升起来了！"（《国旗和太阳一同升起》，景山版语文三年级下册）

纵观世界，还没有哪个国家的升旗仪式像这样令人心潮澎湃，哪怕你日日从此路过，也会天天饱含感动。通宵无眠的等候，为的是能离国旗近一些、再近一些。这是每一个中国人，与祖国心连心的方式。

在国旗升起的一刹那，每个人的思绪都会不由得沿着时光上溯，仿佛70年前的一幕从来不曾离去。

"1949年10月1日，中华人民共和国中央人民政府成立，在首都北京举行典礼……乐队奏起了中华人民共和国国歌——《义勇军进行曲》。正是这战斗的声音，曾经鼓舞中国人民为新中国的诞生而奋斗。"（《开国大典》，部编版语文六年级上册）

国歌奏毕，庄严的天安门广场上，鲜艳的五星红旗迎风招展。刹那间，每个人的家国情怀都随同国旗一起，升到了心的顶端。

在转身的那一刻，很多人又停住了脚步。一座雄伟的丰碑，顿时映入眼帘。

"它像顶天立地的巨人一样矗立在广场南部，和天安门遥遥相对，在远处就可以看到毛主席亲笔题写的'人民英雄永垂不朽'8个金色大字。"（《人民英雄永垂不朽》，苏教版语文七年级下册）

纪念碑上，一幅幅精致的浮雕，让人们仿佛置身风云激荡的历史岁月，无声地告诉我们，中国道路来之不易，必须倍加珍惜。

我们还在课本里发现了一篇不是写北京，但依然有必要入选"课本里的北京"的文章。

"二十日夜起，长江北岸人民解放军中路军首先突破安庆、芜湖线，渡至繁昌、铜陵、青阳、荻港、鲁港地区，二十四小时内即已渡过三十万人。"（《人民解放军百万大军横渡长江》，部编版语文八年级上册）

《人民解放军百万大军横渡长江》是毛泽东同志亲自为渡江战役撰写的一篇新闻报道。这篇文章的诞生地，就在北京香山的双清别墅。

作为一座有着3000多年建城史、860多年建都史的著名古都，北京始终是中华文明源远流长的伟大见证者。

"从北京出发，不过一百多里就来到长城脚下。这一段长城修筑在八达岭上，高大坚固，是用巨大的条石和城砖筑成的。"（《长城》，人教版语文四年级上册）

作为人类建筑史上的奇迹，长城承载着中国人的勤劳和智慧。长城更是中华民族精神的象征，历来被视为中华民族优秀传统文化最完整的代表。美国前总统尼克松登上长城后也感叹，没有一个伟大的民族，造就不出伟大的长城。

"让我们荡起双桨，小船儿推开波浪，海面倒映着美丽的白塔，四周环绕着绿树红墙。"（《让我们荡起双桨》，景山版语文三年级下册）

"她家坐落在北运河岸上，门口外就是大河……他这个人好说大话，自吹站在通州东门外的北运河头，抽一个响脆的鞭花，借着水音，天津海河边上都震耳朵。"（《蒲柳人家（节选）》，部编版语文九年级下册）

今天，长城文化带、大运河文化带、西山永定河文化带环绕京城。东城、西城核心区内，千年古都的历史文化基因不断得到彰显。

"昆明湖静得像一面镜子，绿得像一块碧玉。游船、画舫在湖面慢慢地滑过，几乎不留一点儿痕迹。向东远眺，隐隐约约可以望见几座古老的城楼和城里的白塔。"（《颐和园》，人教版语文四年级上册）

故宫初雪

"圆明园中，有金碧辉煌的殿堂，也有玲珑剔透的亭台楼阁；有象征着热闹街市的'买卖街'，也有象征着田园风光的山乡村野……漫步园内，有如漫游在天南海北，饱览着中外风景名胜；流连其间，仿佛置身在幻想的境界里。……10月18日和19日，三千多名侵略者奉命在园内放火。大火连烧三天，烟云笼罩了整个北京城。我国这一园林艺术的瑰宝、建筑艺术的精华，就这样化为一片灰烬。"（《圆明园的毁灭》，部编版语文五年级上册）

从辉煌到湮灭再到浴火重生，一部"三山五园"的历史，恰是这个国家一百多年荣辱的真实写照。今天，让"三山五园"焕发新时代的荣光，已然成为北京建设全国文化中心，增强和彰显文化自信的题中之义。

古都北京有着雍容大气的一面，也有着静谧芬芳的一面。无数名家大贤徜徉其间，留下几多回忆。比如，联结季羡林先生与北京的两座园子，皆是"出故事"的所在。

"春水盈塘、绿柳垂丝，一片旖旎的风光……水面上看到的是荷花的绿肥、红肥……绿盖擎天，红花映日，把一个不算小的池塘塞得满而又满，几乎连水面都看不到了。"（《清塘荷韵》，北师大版语文八年级下册）

"昨天晚上，我走过校园。四周一片寂静，只有远处的蛙鸣划破深夜的沉寂，黑暗仿佛凝结了起来，能摸得着，捉得住……未名湖绿水满盈，不见一条皱纹，宛如一面明镜。"（《春满燕园》，景山版语文五年级下册）

课本里的北京

北京时尚，却不失传统；北京发达，从不缺风韵。北京人特有的对于乡愁的"讲究"，浸润在城市的每一寸肌理之中。这些特有的气质和追求，也是对北京城市品格的最好注解。比如，对传统节日淋漓尽致的热爱。

"照北京的老规矩，春节差不多在腊月的初旬就开始了……小孩子们特别爱逛庙会，为的是有机会到城外看看野景，可以骑毛驴，还能买到那些新年特有的玩具。"（《北京的春节》，人教版语文六年级下册）

今天的北京，追求历史文脉与生态环境的相互交融。森林覆盖率是70年前的30多倍，绿色愈发成为北京的城市底色。一座水清岸绿、森林环绕的生态宜居城市，日渐清晰。

"在北京，在喧闹繁忙的三环路旁边，居然有野生的小松鼠……其实，仔细观察，能发现，一年四季，有许多品种的鸟会轮流光顾我们这个大院子。"（《都市精灵》，苏教版语文八年级上册）

今天的北京，中华优秀传统文化得到创造性转化、创新性发展，传统戏曲成为新的时尚，燕京八绝等受到年轻人追捧，不断彰显着"首都风范、古都风韵、时代风貌"的鲜明底色。

"不说那天坛的明月，北海的风，卢沟桥的狮子，潭柘寺的松。唱不够那红墙黄瓦的太和殿，道不尽那十里长街卧彩虹。只看那紫藤、古槐、四合院，便觉得甜丝丝、脆生生，京腔京韵自多情。"（《故乡是北京》，北京版语文四年级上册）

> 课本里的中国

今天的北京，历史文化保护与城市的有机更新默契衔接，既是保有古都风貌的现代化大城市，又是拥有世界文化遗产最多的城市。

"在北京城的中心，有一座城中之城，这就是紫禁城。现在人们叫它故宫，也叫故宫博物院。这是明清两代的皇宫，是我国现存的最大最完整的古代宫殿建筑群，有近六百年历史了。"（《故宫博物院》，部编版语文六年级上册）

今天的北京，中轴线申遗和老城复兴受到极大关注，胡同和四合院、会馆、名人故居等历史建筑的文脉之荫滴灌人心，处处是"老北京新气象，老胡同新生活"的生动写照。

"雕梁画栋的大楼金碧辉煌，门前那块黑底金字的陈年老匾泛着辉光……福聚德已是赫赫扬扬，名噪京师。"（《天下第一楼（节选）》，部编版语文九年级下册）

今天的北京，古都文化、红色文化、京味文化、创新文化深度融合，正在成为传统文化与现代文明交相辉映的魅力之城，并朝着世界文化名城、世界文脉标志阔步前行。

"走遍了南北西东，也到过了许多名城。静静地想一想，我还是最爱我的北京！"（《故乡是北京》，北京版语文四年级上册）

文／董 城 王海兴 徐 蕾
2019年12月15日

课本里的天津

天津是一座性格鲜明的城市。

天津的性格集中体现在天津人历经数百年时光磨砺而形成的独特的处事原则与价值追求。

每一位初到天津的外埠人，不需多久便能深刻地体会到天津人那种具有明显地域特征的"烟火气"——不畏强横敢于担当的侠义、古道热肠扶危助困的善良、善以调侃消解时艰的幽默、活在当下享受生活的达观……这种"集体性格"的形成，源于天津600余年的成长史。

因军事而立。天津这方退海之地,自古为战略要津。金代在此设"直沽寨",元朝建"海津镇",明建文二年(1400年),明成祖朱棣率兵经直沽渡河南下夺取政权,4年后在此正式设卫,赐名"天津",即"天子渡口"之意,迄今已615年。

作为军事卫所,戍守的军士是天津最早的居民。历代屯田士兵给天津地域文化营造出浓郁的军旅气氛,也造就了天津人尚武的豪气和勇毅的性情。"汉家烟尘在东北,汉将辞家破残贼。"(《燕歌行》,人教版高中语文选修·中国古代诗歌散文欣赏)唐代诗人高适所描述的正是戍守蓟北边陲将士们慷慨悲壮的形象,诗中既表现了古战场"绝域苍茫更何有"的寂寥,也渲染出将士们"征人蓟北空回首"的家国情怀。

在天津蓟州区黄崖关长城的瓮城广场上,矗立着一尊高8.5米的花岗岩塑像,一身戎装俯视群山的民族英雄戚继光,生前在此镇守蓟镇长城,抗击外敌侵略长达16年之久。在盘山主峰挂月峰上,他吟出的"但使雕戈销杀气,未妨白发老边才"抒发出抵御外侮老而弥坚的雄心壮志。

军旅生活的熏陶,形成天津人的性格主调——刚毅果敢。20世纪80年代,天津人在一片盐碱荒滩上风餐露宿,经过30多年的奋勇拼搏,建起一座现代化的滨海新区,这正是攻坚克难永不言败精神的写照。而豪爽直率、爱憎分明、见义勇为、扶弱济贫的优秀品质,也是新时代"天津好人"层出不穷的基因传承。

因漕运而兴。"地当九河津要，路通七省舟车"，天津筑城设卫之后，商贩船家云集，流动人口激增。通过来往于三岔河口的无数船舶，天津城接纳了漕运船民、移居商贾、垦戍军士、破产农户和外省务工人员，形成"五方杂处"的移民城市。天津作为中国北方的漕运重地、物流中心和交通枢纽，其漕运不仅沟通了南北民生物资的交换，更推动了南北文化的交流与融合——北方的粗犷豪爽与南方的精明干练，让天津滋养出数不清的"俗世奇人"。

对天津民俗文化研究颇深的作家冯骥才说："码头上的人，不强活不成，一强就生出各样空前绝后的人物"。在《俗世奇人》里，他精心刻画了18位天津"市井人物"，其中《好嘴杨巴》《泥人张》（人教版语文八年级下册）让人在惊叹主人公出神入化的手艺活儿的同时，更对他们鲜明的性格特点发出会心的微笑。

如果说"京油子、卫嘴子"这一俗语，概括出了北京人的世事练达、天津人的巧言机变，那么《好嘴杨巴》就将"天津手艺人"的性格特点表现得淋漓尽致。杨巴本以为给李鸿章进献茶汤是一个千载难逢的机会，可以捞得赏赐，并借此提高杨氏茶汤的名声，不料李鸿章因为将碎芝麻误认为脏土而勃然大怒。在此境况下，杨巴虽然凭着"逢场作戏、看风使舵"的本领，巧舌如簧化解了危机，让李鸿章得出"天津卫九河下梢，人情练达，生意场上，心灵嘴巧"的评语，却也刻画出"一介草民"在生存空间遭到强权挤压之后的人格扭曲，反映出他们面对困境

黄崖关长城

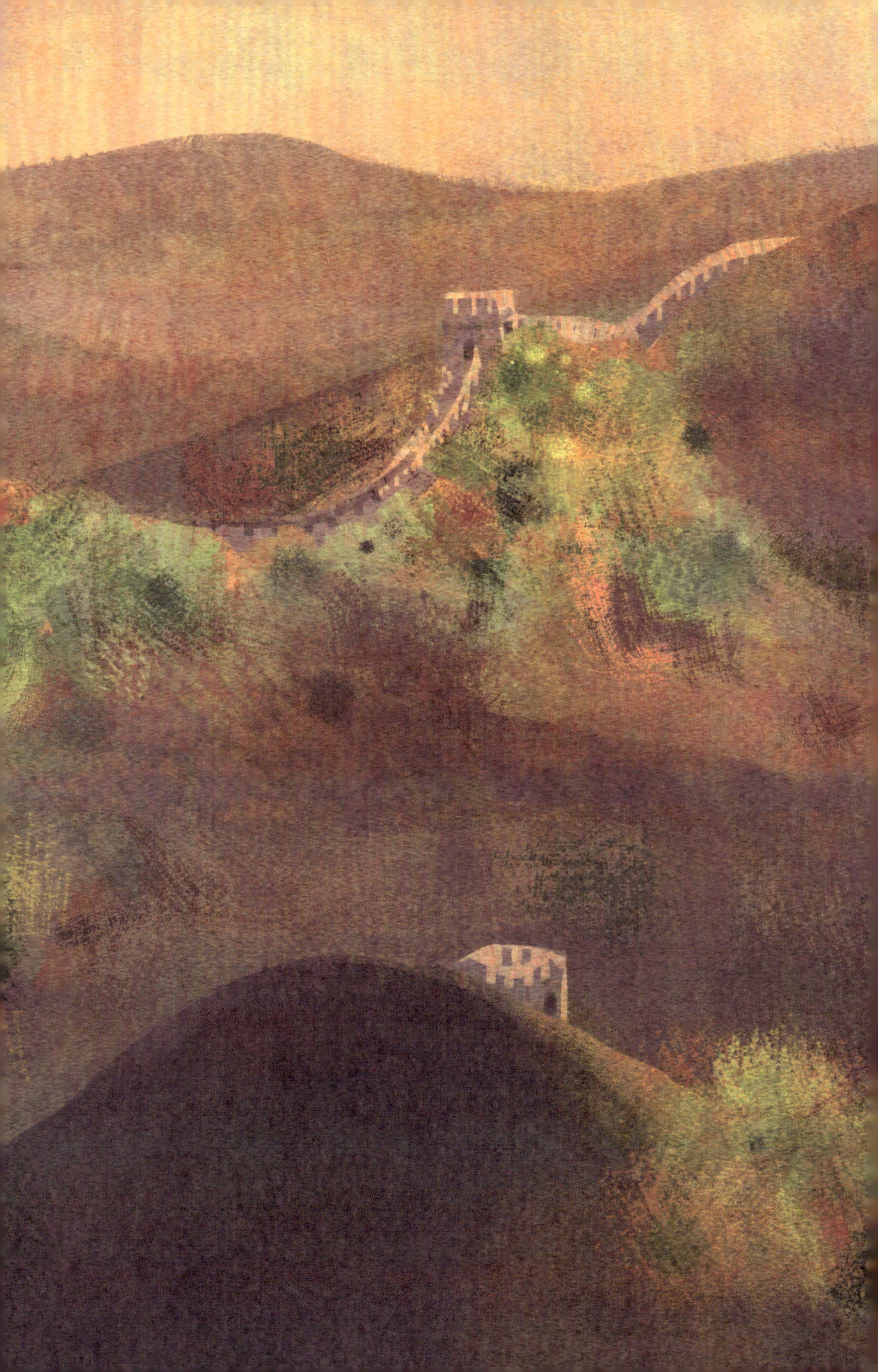

的顺时应变。

与杨巴不同，在《泥人张》一文中，作者对以张明山为代表的"天津手艺人"施以高度赞赏的笔墨。"天津卫是做买卖的地界儿，谁有钱谁横，官儿也怵三分。可是手艺人除外。手艺人靠手吃饭，求谁？怵谁？""泥人张"捏泥人的手艺出神入化，他能够在"台下一边看戏，一边手在袖子里捏泥人。捏完拿出来一瞧，台上的嘛样，他捏的嘛样"。即便如此，他也没有丝毫懈怠，依然努力磨炼技艺，经常出入戏院、饭馆，观察人间百态，为制作泥人搜集素材。而当自己的手艺遭遇"海张五"的蔑视、尊严受到挑战的时候，"泥人张"则以绝活儿为利器予以反击——在街市小杂货摊上摆出了一两百个"海张五"泥人，并大书"贱卖"等字，令对手自取其辱——字里行间流露出作者对"天津手艺人"自立自尊人格的赞美和褒扬。

"天津是个特别讲手艺的城市，在全国都是一流的。"冯骥才的这个评价是非常精当的。旧时天津卫是一个"码头社会"，竞争与机遇并存。手艺人作为城市中的底层小生产者，要想在码头上立足，只能在技能上下功夫，靠手艺说话。因此，手艺人层出不穷也是天津这座城市的典型特征：狗不理包子、桂发祥麻花、耳朵眼炸糕，是天津"饮食三绝"，世人耳熟能详；泥人张、杨柳青年画、风筝魏是天津"技艺三绝"，同样闻名遐迩。至于市井百姓甘之如饴的快板、时调、相声等曲艺，更是能人辈出，群星璀璨……

实际上,"天津手艺人"之所以传承不绝,除了精湛的技艺,更在乎"实诚"的品格。"我父亲是走街串巷卖糖葫芦的。他做的糖葫芦在天津非常有名。父亲的糖葫芦做得好,用的都是最好的材料……红果、海棠去了把儿和尾,有一点儿掉皮损伤的都要挑出来,选出上好的在阳光下晾晒。青丝、玫瑰也是要上等的。蘸糖葫芦必须用冰糖,绵白糖不行,蘸出来不亮。"(《万年牢》,人教版语文四年级下册)可见,糖葫芦的制作尤为认真精细:要在石板上甩出"糖风",蘸出的糖葫芦不怕冷不怕热不怕潮,这叫"万年牢"。坚守良心做买卖的"生意经":公平买卖走正道,做生意讲实在是万年牢!

对天津地域文化颇有研究的作家林希曾经这样描述天津的"草根文化":"生于民间,长于民间,没有经过主流意识的疏导和规范,没有经过文化精英的加工改造,充满着乡土气息,含蕴着丰富的生活共识。"在这种地域文化的熏染之下,天津的城市性格既勇毅,也圆滑;既进取,也守旧;既固执,也包容……

"百年历史看天津。"1860年后,在不断遭受列强入侵的背景下,天津被辟为"九国租界",中西文化的撞击与融合,具有开放思维和现代意识的广大市民阶层逐渐形成,大量知识分子、爱国人士、社会名流纷纷寓居津门,依河枕海的天津成为近代中国风云人物荟萃之地,不仅为天津现代都市文化奠定了根基,也使得天津的城市性格发生嬗变。作为"洋务运动"的中心,现代军工厂、船坞、铁路、轮船、电报、电话、邮政、洋学堂、报纸、公交、自来水等相继在此首创,"工匠精神"得以发扬光大,这是新中国成立后,天津在制造业创造出无数个"第一"的社会基础。以此观之,当今中国职业教育今日能够在天津形成"高地",并在各地开枝散叶,也就不足为奇了。新时代里,担当着中国北方经济中心和现代化制造业基地的天津,在日益"智能化"的当下,如何继承优秀的"城市性格",将"工匠精神"发扬光大,继续执"中国智造"之牛耳,让天津以高度文明、全面开放、富有文化品位的国际化现代大都市的新风貌呈现在世人面前,正是当前全体天津人应当认真思考的大问题。

文／陈建强 刘茜
2019年12月8日

课本里的河北

河北地处华北平原，东临渤海、内环京津，西为太行山地，北为燕山山地，燕山以北为张北高原。她的地貌多样，是我国唯一兼有高原、山地、丘陵、平原、湖泊和海滨的省份。河北也是中华民族的发祥地之一，在华夏历史上留下了浓墨重彩的一笔。千百年来，燕赵大地以其独有的自然风光和厚重的历史文化吸引了无数文人在此驻足吟唱，流连忘返。许多名篇历经多年而不朽，出现在中小学语文课本中，口耳相传，家喻户晓。

课本里的河北，有着红色的底色。抗战时期，八路军在这里英勇奋战，建立了晋察冀、晋冀豫、冀热辽等抗日根据地。解放战争时期，中共中央和中央军委移驻西柏坡，掀开了解放全中国的序幕。从冀东到冀南，从白洋淀到太行山，河北的红色印记无处不在，成为作家们创作的源头活水。

"1941年秋，日寇集中兵力，向我晋察冀根据地大举进犯。当时，七连奉命在狼牙山一带坚持游击战争。"（《狼牙山五壮士》，部编版语文六年级上册）1941年9月，26岁的《晋察冀日报》特派记者沈重深入晋察冀边区前线，撰写了《狼牙山五壮士》一文。从此，狼牙山五壮士的英雄事迹，从晋察冀边区传遍了长城内外、大江南北，五壮士成为浴血抗战的中国军民的楷模。如今，位于易县的狼牙山五勇士陈列馆与峥嵘险峻的山势交相辉映，成为无数人心中的红色圣殿。

"1939年春，齐会战斗打响了……突然，几发炮弹落在小庙前的空地上。硝烟滚滚，弹片纷飞，小庙被烟雾淹没了。白求恩仍然镇定地站在手术台旁。他接过助手递过来的镊子，敏捷地从伤员的腹腔里取出一块弹片，丢在盘子里。"（《手术台就是阵地》，部编版语文三年级上册）作者用生动细腻的笔触，描述了白求恩大夫在发生于冀中河间县的齐会战斗中，不顾个人安危为八路军伤员动手术的事迹，令人感动与敬佩。

"晋察冀边区的北部有一条还乡河……12岁的雨来就是这村的。"（《小英雄雨来》，人教版语文四年级下册）还乡河流经唐山市丰润区。抗战时期,丰润籍作家管桦担任冀东区党委机关报《救国报》随军记者。在抗日战争最艰苦的岁月里,管桦一手持枪保卫家乡,一手持笔创作鼓舞人心的文艺作品,小英雄"雨来"的形象便诞生在他的笔下。管桦以自己目睹的或听到的抗日小英雄的事迹,结合自己的童年经历,成功地塑造出这一令人难忘的形象。雨来是虚构的,却是抗日战争年代冀东根据地少年儿童的一个真实缩影。

英勇的燕赵儿女早已与中国人民伟大的革命战争史熔铸在一起,成为永远的丰碑。

燕赵往贤,群星璀璨;河北文脉,世代绵延。课本里的河北,氤氲着伟大的燕赵文化精神。

"至易水上,既祖,取道……又前而为歌曰:'风萧萧兮易水寒,壮士一去兮不复还!'"(《荆轲刺秦王》,人教版高中语文必修一)2000多年前,义士荆轲在河北西部的易水旁辞别燕太子丹,踏上了刺杀秦王的征程。荆轲刺秦王虽然失败,但他的事迹却长久流传。他轻生死、重情义,实现了更高的生命价值。燕太子丹的精诚与荆轲的侠士志向契合在一起,成就了燕赵文化中的"慷慨悲歌"。

"廉颇者,赵之良将也……蔺相如者,赵人也""强秦之所以不敢加兵于赵者,徒以吾两人在也……吾所以为此者,以先国家之急而后私仇也"(《廉颇蔺相如列传》,人教版高中语文必修四)。司马迁善于抓住人物主要特征极力渲染,生动刻画了廉颇、

狼牙山

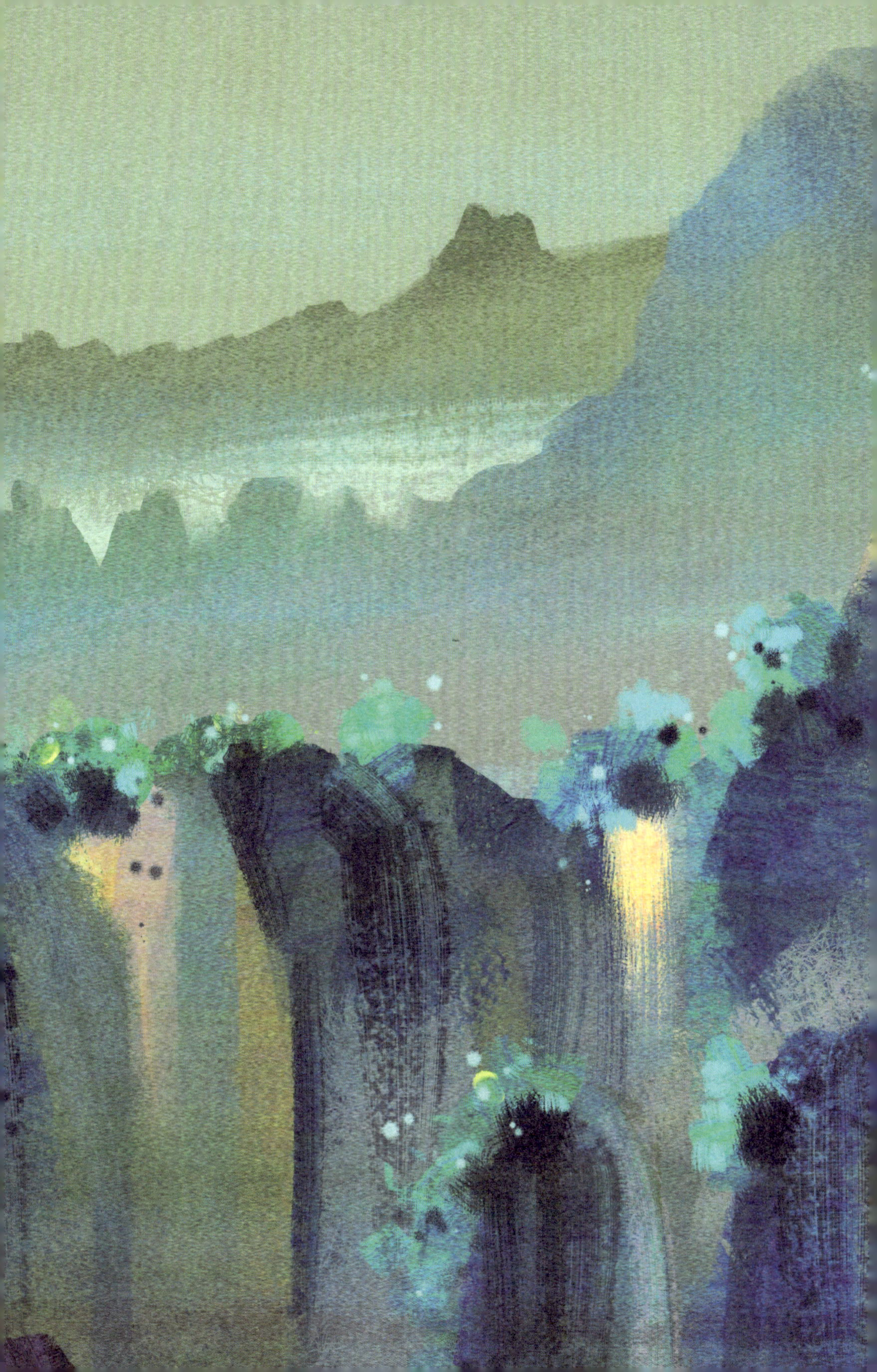

蔺相如的良将、良相形象。口耳相传的完璧归赵、价值连城、负荆请罪等成语，均出自此。在此文中，我们既能感受到蔺相如的胆识和包容，又能感受到廉颇的勇猛与大义。

从燕国到赵国，从荆轲到蔺相如，河北先贤的精神品质穿越2000多年的历史长河，印刻在了小小的课本里。慷慨悲歌、好气任侠、轻死重义、包容求是的燕赵文化精神留驻在了无数人心中。

课本里的河北，带给我们许多耐人寻味的人生哲理。"沧州南一寺临河干，山门圮于河，二石兽并沉焉……然则天下之事，但知其一，不知其二者多矣，可据理臆断欤？"（《河中石兽》，部编版语文七年级下册）纪昀以简练平实的语言，告诉我们认识事物不可片面地理解，更不能主观臆断，而要全面深入地调查探究事物的特性。

"山一程，水一程，身向榆关那畔行，夜深千帐灯。风一更，雪一更，聒碎乡心梦不成，故园无此声。"（《长相思》，人教版语文五年级上册）课本里的河北饱含着对故乡的思念。1682年2月，康熙帝出关东巡，祭告奉天祖陵。词人纳兰性德随从康熙帝告祭，随大军出山海关。塞上风雪凄迷，苦寒的天气引发了作者对家人的无限思念，令人动容。

课本里的河北，也展现了古人的智慧和力量。"赵州桥横跨在洨河上，是世界著名的古代石拱桥，也是造成后一直使用到现在的最古的石桥。"（《中国石拱桥》，部编版语文八年级上册）

课本里的河北

桥梁专家茅以升运用科学数据，介绍了赵州桥高超的技术水平和不朽的艺术价值，体现了河北深厚的人文与艺术底蕴。

"东临碣石，以观沧海。水何澹澹，山岛竦峙。"（《观沧海》，部编版语文七年级上册）课本里的河北，更有着令人心驰神往的磅礴壮丽之景。曹操北征乌桓得胜班师，途经今昌黎县境内渤海之滨的碣石山，被美景所吸引，写下此篇。在波涛汹涌、吞吐日月的美景之中，古人的壮志情怀跃然纸上。

"从北京到张家口这一段铁路，最早是在他的主持下修筑成功的。这是第一条完全由我国的工程技术人员设计施工的铁路干线。"（《詹天佑》，人教版语文六年级上册）100多年前，杰出的爱国工程师詹天佑不畏帝国主义的压迫，以坚韧的毅力和高超的技术主持完成了京张铁路的修建。100多年后的今天，京张高铁已开始全面铺轨。从课本到现实，河北一直以昂扬的姿态阔步前行。

"回首览燕赵，春生两河间""燕赵何苍茫，鸿雁来翩翩"。课本里的河北如陈年佳酿，浓厚而绵长，将永远成为我们共同的文化记忆。

文／陈元秋

2018年11月11日

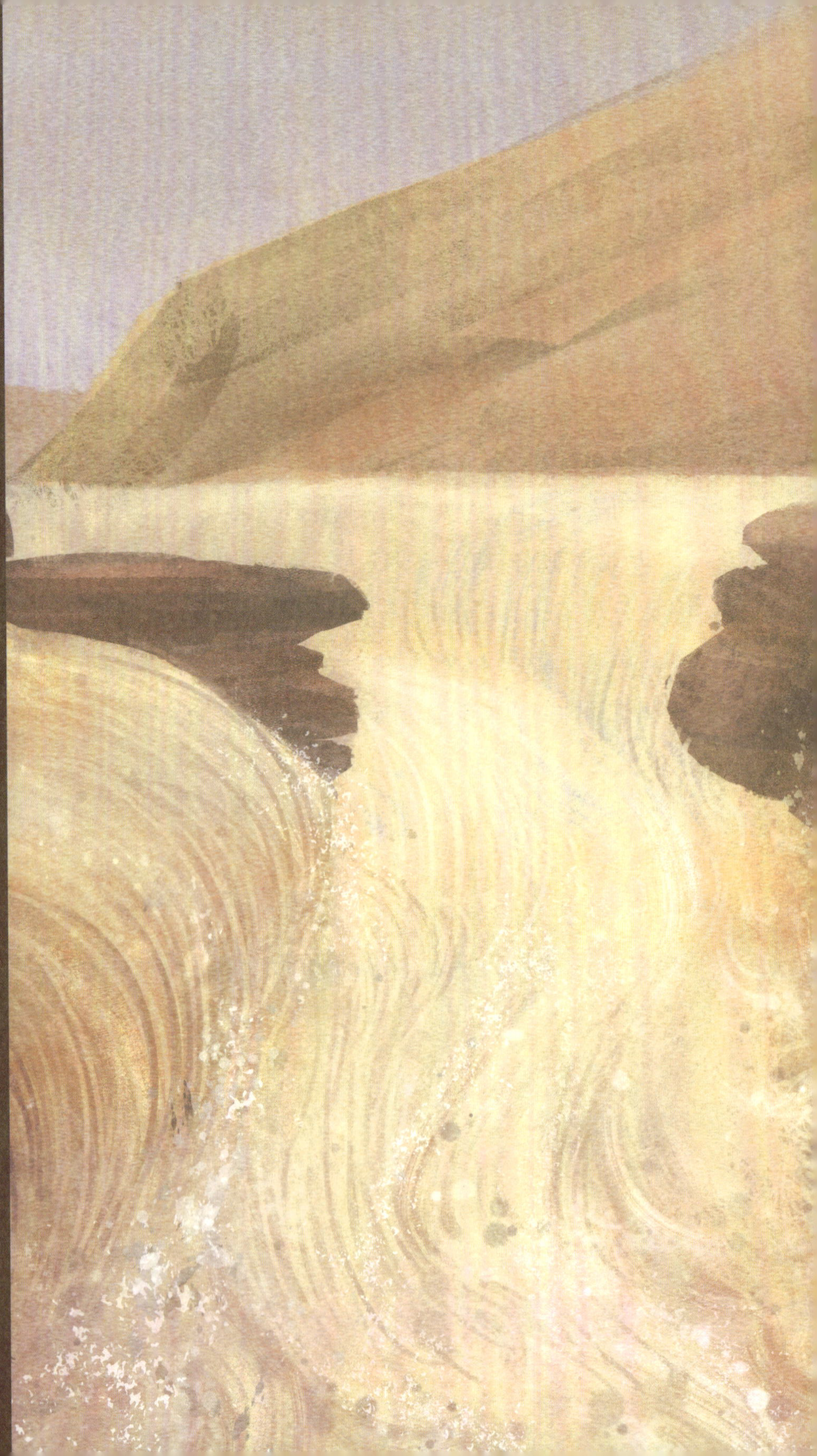

课本里的山西

位于黄土高原的山西，境内山脉纵横，西吕梁东太行间依太岳山，东南及南部有中条山；河流交错相聚，汾河、涑水河、滹沱河、漳河、沁河等遍布各地，素有"表里山河"之称。古往今来，无数文人墨客纷纷用自己的热情与才华，留下许多歌颂三晋大地的佳作。其中不少名篇的身影，出现在中小学语文课本里。

> 课本里的中国

尽管课本里选取的唐诗中描写山西的数量不多，但只一篇便成唐代五言诗的压卷之作。

"白日依山尽，黄河入海流。欲穷千里目，更上一层楼。"(《登鹳雀楼》，部编版语文二年级上册)山西的鹳雀楼名扬中华，就因此诗。王之涣的《登鹳雀楼》，仅仅20个字，却以千钧巨椽，绘下北国河山的磅礴气势和壮丽景象，千百年来一直激励着中华民族昂扬向上。

"东皋薄暮望，徙倚欲何依。树树皆秋色，山山唯落晖。牧人驱犊返，猎马带禽归。相顾无相识，长歌怀采薇。"(《野望》，人教版语文八年级上册)隋末唐初，诗人王绩站在隐居地——山西河津东皋村纵目远望，只看到了一幅山家秋晚图，却未看到奔腾不息的黄河。如若看到，想必《野望》将不复惆怅、孤寂的色调。

细细读来，你会发现，课本里的山西大都与黄河这条中华民族的母亲河有着无比亲密的联系。

黄河从最北的偏关县老牛湾撞开山西大门，继而奔腾向南，飞流直下500多千米，至吉县骤然收窄，跌落30多米，形成蔚为壮观的壶口瀑布，被誉为"天下黄河一壶收"，成为中华母亲河宏伟气度的最佳呈现。

"黄河在这里由宽而窄，由高到低，只见那平坦如席的大水像是被一个无形的大洞吸着，顿然拢成一束，向龙槽里隆隆冲去，先跌在石上，翻个身再跌下去，三跌，四跌，一川大水硬是这样被跌得粉碎，碎成点，碎成雾。"(《壶口瀑布》，部编版语文八年级下册)《壶口瀑布》是一篇借景抒情的游记散文，作者用形象生动的语言，细致地描绘了壶口瀑布磅礴雄壮的气势。

课本里的山西在描绘三晋大地壮美景象的同时，更是处处反映出中华民族那种勇往直前、拼搏向上、不屈不挠的精神，正如这巍峨险峻而又雄伟壮阔的巍巍太行、滔滔黄河。

"禹吸取了鲧治水失败的教训，采取疏导的办法治水。他和千千万万的人一起，开通了很多河道，让洪水通过河道，最后流到大海里去。"(《大禹治水》，部编版语文二年级上册)传说中，位于山西河津的龙门山堵塞了河水的去路，大禹带领人们开凿了龙门，留下了"三过家门而不入"的美谈。

"黄河以它英雄的气魄，出现在亚洲的原野；它表现出我们民族的精神，伟大而又坚强！"(《黄河颂》，部编版语文七年级下册)抗日战争时期，诗人光未然带领抗敌演剧队，从壶口附近东渡黄河，转入吕梁山抗日根据地。途中亲临怒涛急流、礁石瀑布，目睹黄河船夫们与狂风恶浪搏斗的情景，聆听了悠长高亢、深沉有力的船夫号子，他创作出了《黄河颂》。"啊！黄河！你一泻万丈，浩浩荡荡，向南北两岸伸出千万条铁的臂膀。我们民族的伟大精神，将要在你的哺育下发扬滋长！"(《黄河颂》，部编版语文七年级下册)

"去年春上到延安，后来到五台山工作，不幸以身殉职。"(《纪念白求恩》，部编版语文七年级上册)让我们永远记住了抗

壶口瀑布

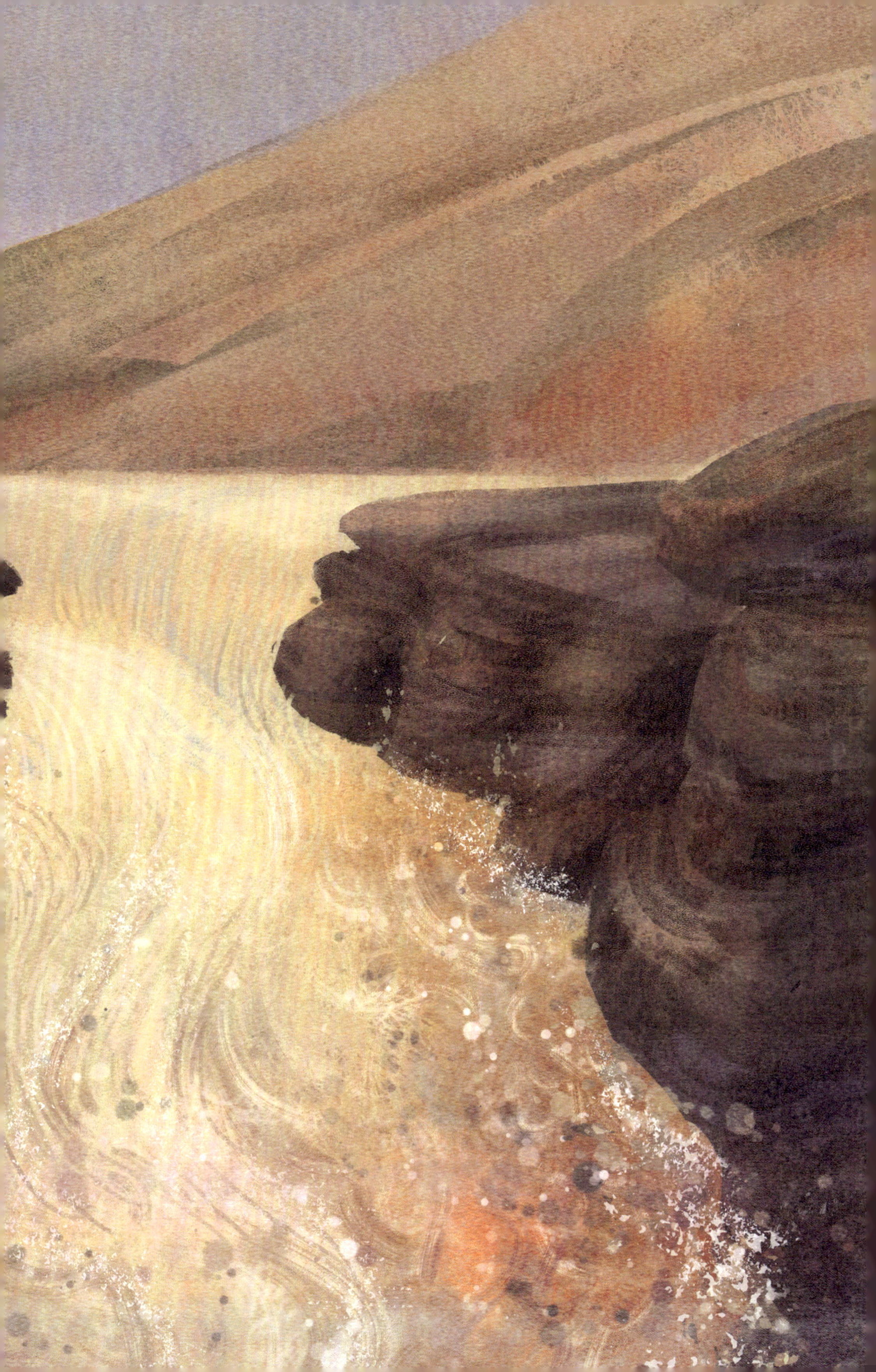

日战争期间率领国际医疗队来到山西雁北和冀中前线，救治了大批伤员，最终为中国人民的解放事业献出自己生命的加拿大共产党员亨利·诺尔曼·白求恩——"一个高尚的人，一个纯粹的人，一个有道德的人，一个脱离了低级趣味的人，一个有益于人民的人。"（《纪念白求恩》，部编版语文七年级上册）

"这是中国的晋西北，是西伯利亚大风常来肆虐的地方，是干旱、霜冻、沙尘暴等与生命作对的怪物盘踞之地……就在如此险恶的地方，我对面这个手端一杆旱烟袋的瘦小老头，竟创造了这块绿洲……十五年啊，绿化了八条沟，造了七条防风林带，三千七百亩林网，这是多么了不起的奇迹。"（《青山不老》，部编版语文六年级上册）右玉县地处晋西北，距离毛乌素沙漠不到100公里，新中国成立初期这里曾是一片不毛之地。

"一定要保护好森林资源，使失去的植被尽快恢复。"正如《黄河是怎样变化的》（人教版语文四年级下册）所言，右玉这个曾经的风沙之地，如今已经变成了"塞上绿洲"，成为"夏天的绿翡翠，冬天的白玉石"，森林覆盖率从0.3%提高到了54%。

今天，《右玉和她的县委书记们》正在央视一套黄金档热播，这部电视剧讲述了1949年以来右玉县历届县委书记带领当地人民群众坚持不懈改造生态环境的故事，一路飙升的收视率让"右玉精神"的美名传遍了大江南北。

作为山西人，《壶口瀑布》一文的作者梁衡为我们精彩论述了课本里的山西精神：

课本里的山西

"黄河博大宽厚,柔中有刚;挟而不服,压而不弯;不平则呼,遇强则抗;死地必生,勇往直前。正像一个人,经了许多磨难便有了自己的个性;黄河被两岸的山、地下的石逼得忽上忽下、忽左忽右时,也就铸成了自己伟大的性格。这伟大只在冲过壶口的一刹那才闪现出来被我们看见。"(《壶口瀑布》,部编版语文八年级下册)

文/杨 钰
2018 年 10 月 21 日

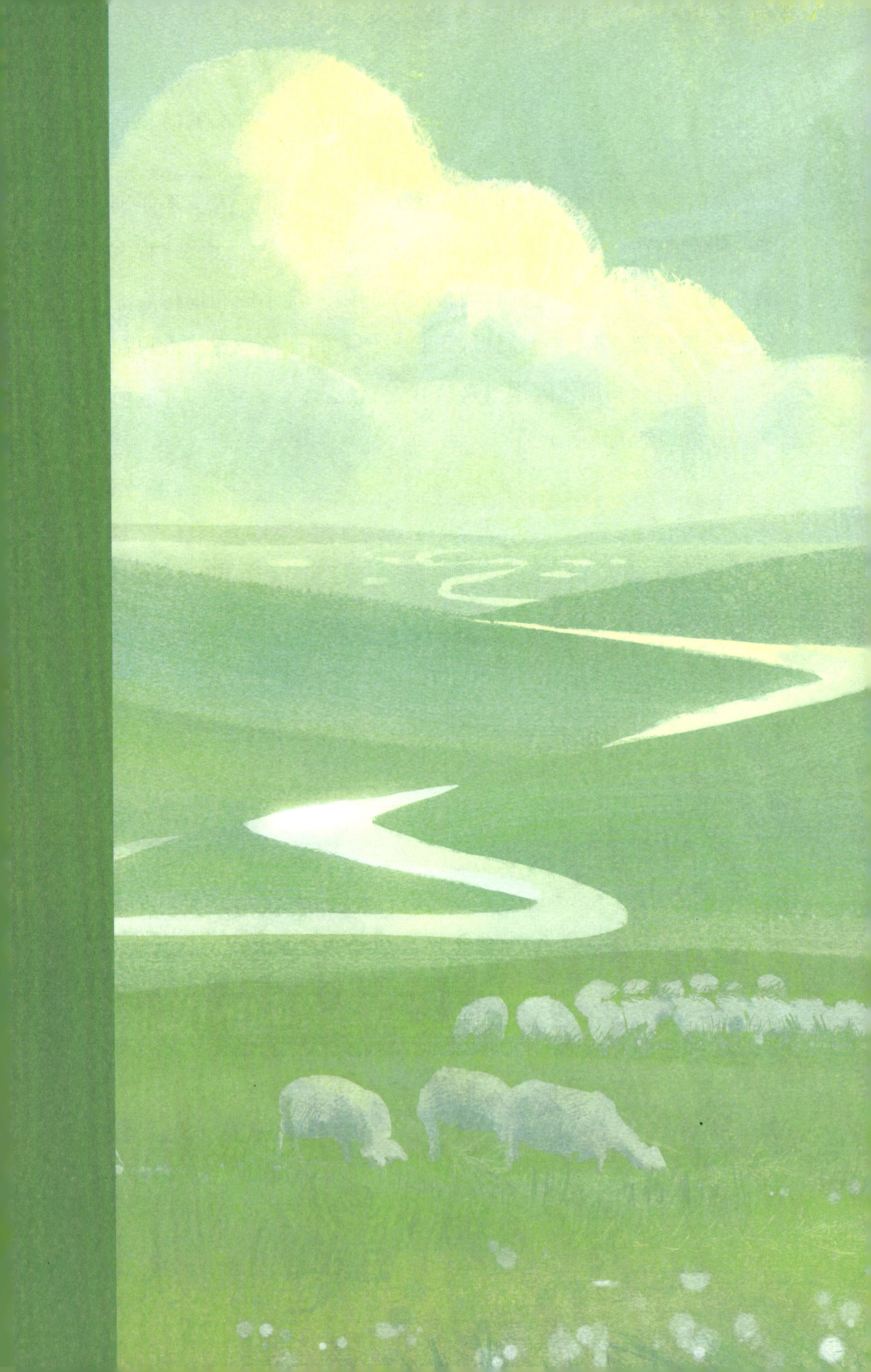

课本里的内蒙古

内蒙古自治区位于中国北部边疆，由东北向西南斜伸，呈狭长形，横跨东北、华北、西北三大区，在地图上看，如同奔驰在祖国北疆的一匹骏马。这匹骏马，是诗词中"黄毯悄然换绿坪，古原无语释秋声。马蹄踏得夕阳碎，卧唱敖包待月明"的内蒙古；是歌曲中"飞跃八千里路云和月乘风而来""跳起安代拉响马头琴纵情歌唱""畅饮金碗奶茶马奶酒香飘四海"的内蒙古；是图画中"蓝蓝的天空，清清的湖水，绿绿的草原""洁白的羊群"的内蒙古；也是在中小学语文课本中留下亮丽色彩的内蒙古。

"敕勒川,阴山下,天似穹庐,笼盖四野。天苍苍,野茫茫,风吹草低见牛羊。"(《敕勒歌》,部编版语文二年级上册)提起内蒙古,相信许多人的第一印象来自北朝民歌《敕勒歌》,这首民歌语言简练质朴、音调雄厚、音韵优美,不足30字勾勒出苍茫辽阔草原的壮美风景,堪称描写内蒙古草原风光的千古绝唱。

内蒙古的壮美不止于此。从连绵的大兴安岭到浩瀚的巴丹吉林沙漠,从辽阔的锡林郭勒草原到无垠的乌梁素海,从静谧的阿尔山天池到神秘的阿斯哈图石林,从"天下黄河,唯富一套"的河套平原到"弯弓射大雕"的"一代天骄"成吉思汗的陵寝……千百年来文人墨客留下了许多有关内蒙古的诗篇,如同《敕勒歌》一般被传诵至今。"单车欲问边,属国过居延。"(《使至塞上》,部编版语文八年级上册)居延故址在今内蒙古额济纳旗一带,出使边塞时目睹浩瀚苍凉的大漠景象后,王维写下了千古名句"大漠孤烟直,长河落日圆"……

"逝去万载的世界可会重现?沉睡亿年的石头能否说话?长眠地下刚苏醒的化石啊,请向我一一讲述那奇幻的神话。"(《化石吟》,人教版语文七年级上册)课本中的内蒙古蕴藏了远古的奥秘。亿万年前,猛犸象曾在内蒙古广阔的大地上繁衍生息,冰河时代结束后,它们又长眠于这片养育过它们的土地,成为时间留下的珍贵礼物——化石。《化石吟》为我们描绘出生物进化的图景,在我国的东北部,内蒙古呼伦贝尔扎赉诺尔长眠于地下的猛犸化石苏醒了,逝去万载的世界重现，生命的航船从远古不息地向现代进发。

恐龙、猛犸象等众多远古时期生物化石的出土，证实了亿万年前的内蒙古大地是众多生物的乐园，而如今拥有广袤森林、草原、湿地、沙漠等众多生态系统的内蒙古更是我国北方重要的生态安全屏障，也是众多野生动植物的栖息地。这里每天都上演着许多有趣的事情，也被记载在课本里。"内蒙古大草原上的百舌鸟和金黄鼠也是一对'好朋友'……春夏之季，百舌鸟到金黄鼠的洞穴里去产卵，在它的洞穴里孵卵育雏……百舌鸟为金黄鼠唱歌，金黄鼠静静地听，高兴时还用两只后脚着地，跳起舞来。"(《有趣的动物共栖现象》，人教版语文四年级下册)百舌鸟和金黄鼠是动物界的"伯牙和子期"，是彼此心灵的知音。这对共栖的亲密伙伴是草原生态文明的"吉祥物"，也让我们更意识到要倍加爱护这些可爱生灵栖息的家园。

"群山万壑赴荆门，生长明妃尚有村。一去紫台连朔漠，独留青冢向黄昏。"(《咏怀古迹（其三）》，人教版高中语文必修三)这是诗圣杜甫笔下的王昭君。斯人已逝两千载，如今内蒙古呼和浩特市南郊的昭君墓旁，枝繁叶茂，草木长青。草原人民心目中的王昭君是弃汉宫繁华毅然踏上出塞征途，以一己之力使得边塞烽烟熄灭的和平使者，更是作为民族团结的象征成为北国草原上一颗永久璀璨的明珠。正如史学家翦伯赞所言："王昭君已经不是一个人物，而是一个象征，一个民族友好的象征；昭君墓也不是一个坟墓，而是一座民族友好的历史纪念塔。"

呼伦贝尔

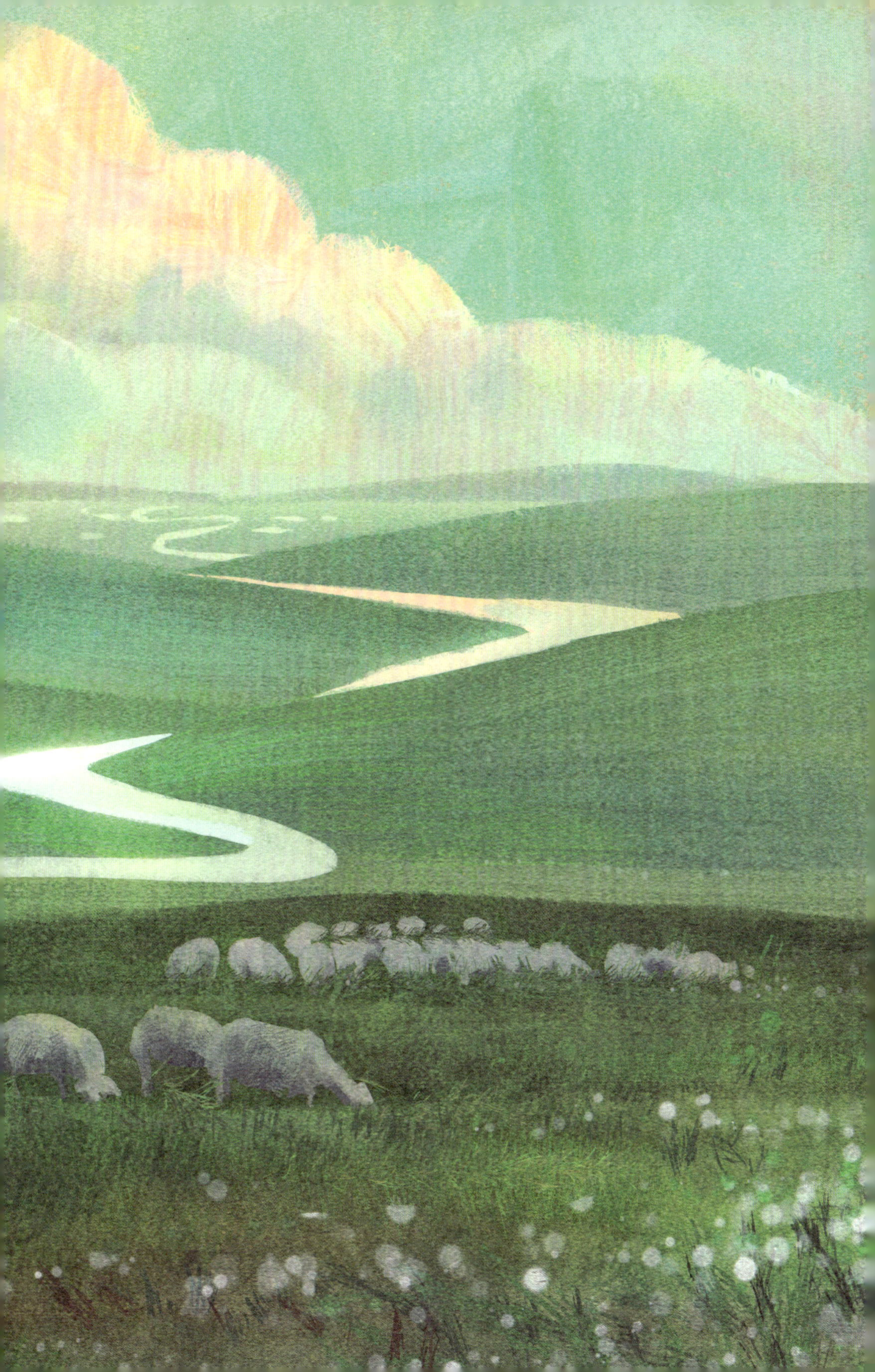

> 课本里的中国

"这次，我看到了草原……四面都有小丘，平地是绿的，小丘也是绿的……那些小丘的线条是那么柔美，就像只用绿色渲染，不用墨线勾勒的中国画那样，到处翠色欲流，轻轻流入云际。"（《草原》，人教版语文五年级下册）这是老舍笔下呼伦贝尔市陈巴尔虎旗的草原风光图。"忽然，像被一阵风吹来似的，远处的小丘上出现了一群马，马上的男女老少穿着各色的衣裳，群马疾驰，襟飘带舞，像一条彩虹向我们飞过来……不大一会儿，好客的主人端进来大盘的手抓羊肉……饭后，小伙子们表演套马、摔跤，姑娘们表演了民族舞蹈。客人们也舞的舞，唱的唱，并且要骑一骑蒙古马。"（《草原》，人教版语文五年级下册）老舍以自己到内蒙古大草原做客的亲身体验写下这篇散文。"蒙汉情深何忍别，天涯碧草话斜阳！"（《草原》，人教版语文五年级下册）让他沉醉的不仅是草原的美丽风光和牧人的热情豪爽，更是各族人民之间溢于言表的深情厚谊。

　　课本写不尽的壮美内蒙古，是一匹骏马，也是一道亮丽的风景线。今天，驰骋在高质量发展宽广大道上的这匹骏马，正载着守望相助的内蒙古各族人民，共同创造美好生活，将祖国北疆这道风景线描绘得更加亮丽。

文 / 王志强　刘雅婷
2018 年 12 月 2 日

课本里的辽宁

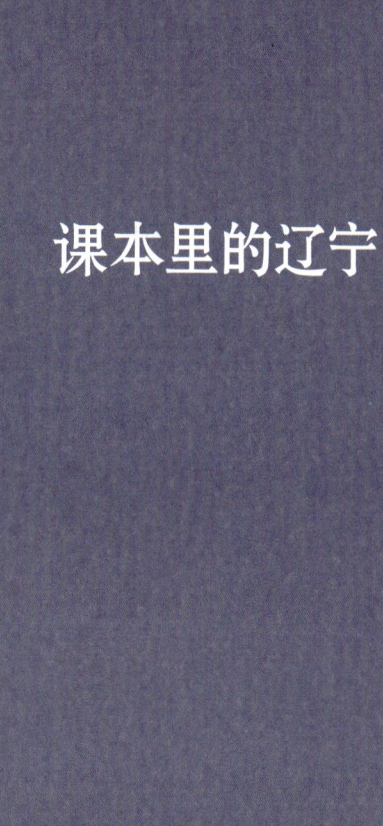

　　跨过山海关,就进入了辽宁,一阵清爽的风扑面而来。
　　辽宁东临鸭绿江、西邻河北、北接内蒙古、南濒黄海和渤海,清澈的辽河贯穿其中,宛如一条玉带,串起一座座珍珠般的城市,曲折蜿蜒奔向渤海。

亿万年前，辽宁西部曾是恐龙的乐园。那时候，这一带气候温暖、雨量充足，河水湖泊纵横交错，种类繁多的恐龙在这片土地上自由自在地生活。后来，因地质变迁火山频繁喷发，生物被大量火山灰迅速掩埋，造就了辽宁西部地区的"史前庞贝城"。沧海桑田，一块块恐龙化石将大自然缔造的美丽尘封。"20世纪末期，我国科学家在辽宁西部首次发现了保存有羽毛印痕的恐龙化石，顿时使全世界的研究者们欣喜若狂。辽西的发现向世人展示了恐龙长羽毛的证据，给这幅古生物学家们描绘的画卷涂上了'点睛'之笔。"（《飞向蓝天的恐龙》，人教版语文四年级上册）至今，辽宁仍是我国乃至世界上重要的恐龙化石发现地，辽宁朝阳也因出土了"中华龙鸟"和"辽宁古果"化石被誉为"世界上第一只鸟飞起的地方，第一朵花绽放的地方"。

北方的大海清爽豪放。辽宁是东北唯一的沿海省份。从我国大陆海岸线起点的丹东鸭绿江口到葫芦岛绥中县老龙头，辽宁漫长的海岸线近2200千米。其中，美丽的北方明珠大连镶嵌在辽东半岛最南端，处于黄海和渤海分界处，是我国东北地区乃至整个东北亚地区的经济中心之一。"凡是近海的地方，比同纬度的内陆，冬天温和，春天反而寒冷。所以沿海地区的春天的来临比内陆要迟若干天。如大连纬度在北京以南约1°，但是在大连，连翘和榆叶梅的盛开都比北京要迟一个星期。"（《大自然的语言》，部编版语文八年级下册）得天独厚的地理位置，赋予大连冷暖宜人的气候，也造就出美丽的海滨风光。

辽沈大地曾经孕育出著名的雷锋精神。"沿着长长的小溪,寻找雷锋的足迹。雷锋叔叔,你在哪里,你在哪里?"(《雷锋叔叔,你在哪里》,部编版语文二年级下册)在辽宁抚顺市望花区雷锋路,坐落着一座纪念馆,许多年轻的妈妈指着纪念馆前广场正中戴着红领巾的年轻战士的雕像,给自己的孩子讲他的故事。这里就是雷锋纪念馆。共产主义战士雷锋不到20岁就从家乡来到辽宁,他在辽宁参军,在辽宁入党,最后牺牲在这片热土上。"乘着温暖的春风,我们四处寻觅。啊,终于找到了——哪里需要献出爱心,雷锋叔叔就出现在哪里。"(《雷锋叔叔,你在哪里》,部编版语文二年级下册)雷锋留下的那许多动人的故事被反复传颂,全心全意为人民服务、无私奉献的雷锋精神更是影响了一代又一代的中国人。

这片热土也曾留下老一辈革命家的足迹。1910年至1913年,少年时期的周恩来曾在辽宁铁岭银冈书院和沈阳东关模范学校读书。"12岁那年,周恩来离开家乡,来到了东北。当时的东北,是帝国主义列强在华争夺的焦点。他在沈阳下了车,前来接他的伯父指着一片繁华、热闹的地方,对他说:'没事可不要到那个地方去玩啊!'"(《为中华之崛起而读书》,人教版语文四年级上册)在辽宁的求学岁月里,周恩来经历了辛亥革命,接触了进步教师,阅读了进步书报,受到了革命思潮的影响,也培育了爱国情操和远大志向。"那天上修身课,魏校长向同学们提出一个问题:'请问诸生为什么而读书?'……周恩来站了起来,清晰

大连海滨

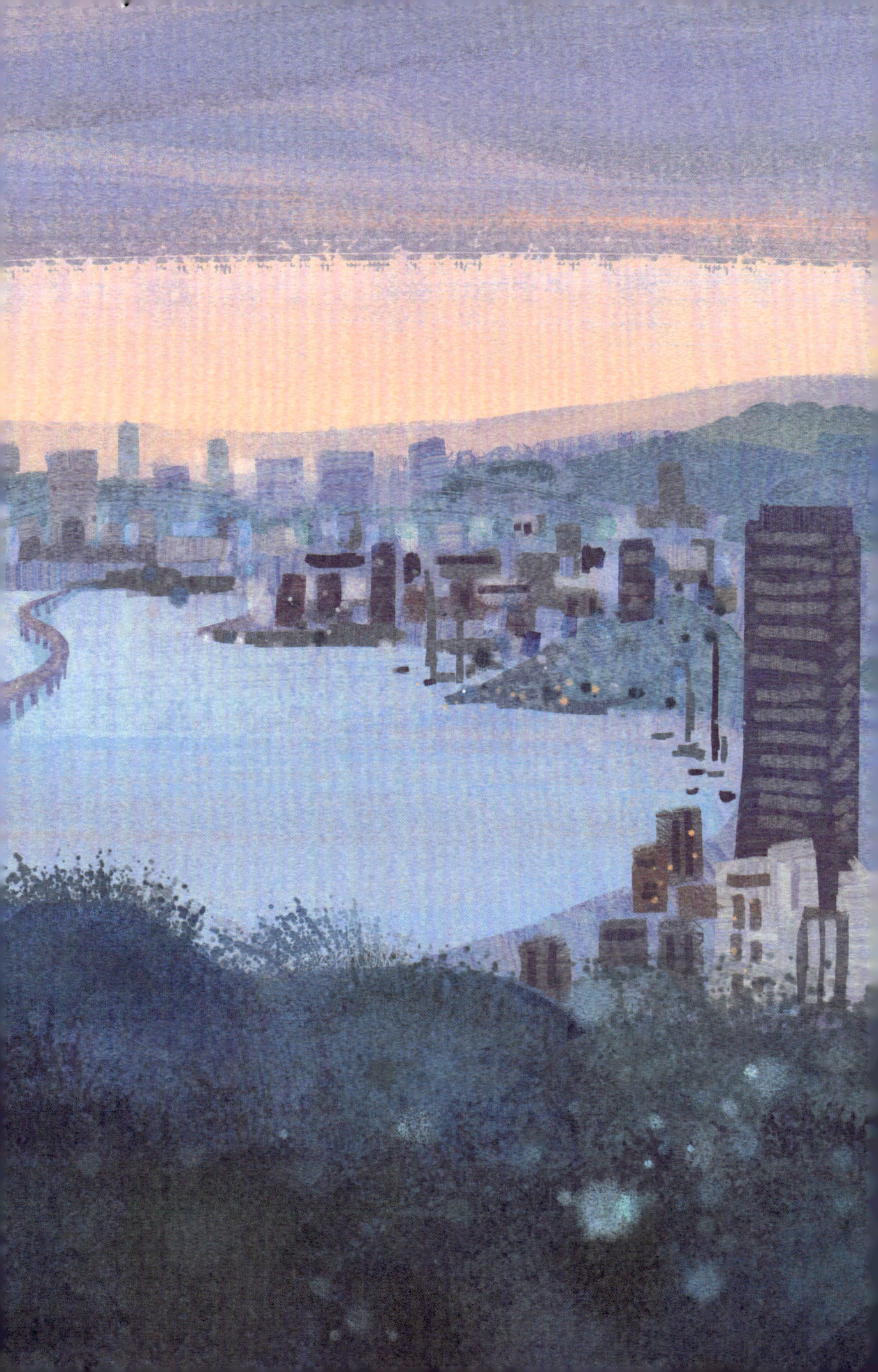

而坚定地回答道：'为中华之崛起而读书！'"（《为中华之崛起而读书》，人教版语文四年级上册）

1931年9月18日，日军炮轰沈阳北大营，制造了震惊中外的"九一八"事变，之后辽宁和整个东北都沦陷在日寇的铁蹄之下。"九一八"事变当夜，驻守北大营的东北军爱国官兵在突围战中违抗"不抵抗"军令，奋起还击，打响了中国人民14年抗战的第一枪。"对于广大的关东原野，我心里怀着挚痛的热爱。我无时无刻不听见她呼唤我的名字，无时无刻不听见她召唤我回去。"（《土地的誓言》，部编版语文七年级下册）辽宁籍作家端木蕻良在"九一八"事变10周年之际写出了对家乡故土的深深眷恋和对东北早日解放的殷殷期盼。在抗战胜利70多年后的今天，每逢9月18日，警报声就会在"九一八"事变发生地沈阳拉响，提醒着人们牢记历史，也激励着人们奋发图强。

面对日寇侵略与统治，英勇的辽宁人民奋起反抗。在义勇军基础上发展起来的东北抗日联军是中国共产党领导下的一支英雄部队，是东北战场上一直坚持到抗战胜利的武装力量，曾在杨靖宇将军等人的领导下，活跃在辽宁本溪等地，给予日寇沉重的打击。在今天的本溪，占地面积6.9公顷、陈列面积3000平方米的东北抗联史实陈列馆，以大量翔实的史料和实物，全面系统地展现了东北抗日联军14年艰苦卓绝的斗争历史。

有着"新中国工业的摇篮"和"共和国长子"之称的辽宁曾创下骄人的历史，新中国第一炉钢、第一架飞机、第一辆机车、第一艘巨轮、第一艘航母等诸多的"第一"都诞生在这里。如今,辽宁改革开放的步伐更加铿锵有力,以实干推动全面振兴全方位振兴,实现了向海发展的华丽转身,"一带一路"沿线活跃着辽宁企业,交通大通道连通着辽宁与世界。辽宁开放之门越开越大,发展活力也越来越强。

文 / 刘 勇
2019 年 8 月 4 日

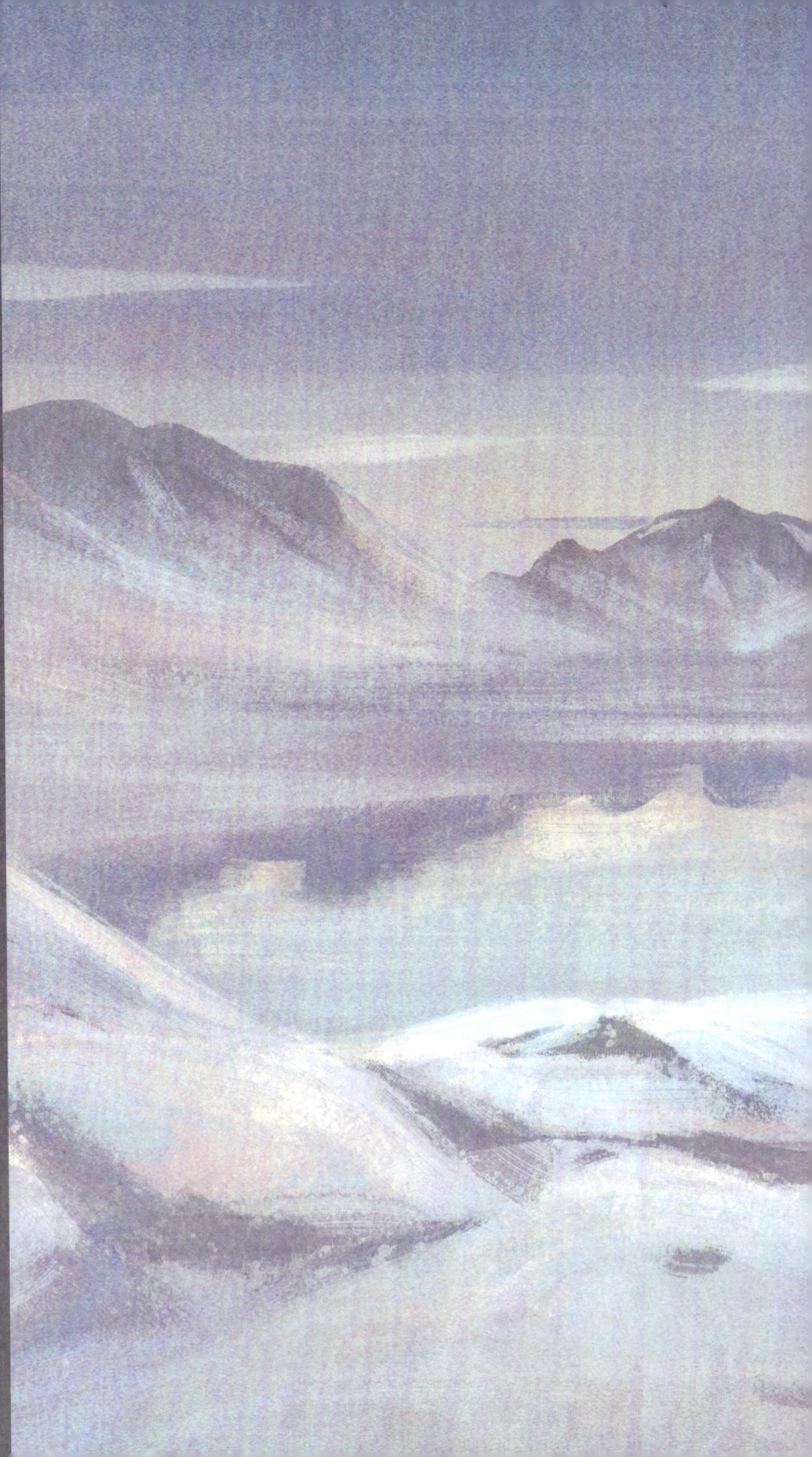

课本里的吉林

我生在吉林,长在吉林,工作在吉林。在我眼里、心里、记忆里,家乡吉林美得多彩多姿。

冬季的吉林漫天飞雪,一片银白,而冬景里一定少不了雾凇。"忽如一夜春风来,千树万树梨花开",每逢雾凇降临,唐代诗人岑参的诗句,就会在吉林市松花江畔化作美得动人心魄的冰雪画卷。

"从当年12月至第二年2月间，松花江上游丰满水库里的水从发电站排出时，水温在4摄氏度左右。这样，松花江流经市区的时候，非但不结冰，而且江面上总是弥漫着阵阵雾气……这蒸腾的雾气，慢慢地，轻轻地，一层又一层地给松针、柳枝镀上了白银。最初像银线，逐渐变成银条，最后十里长堤上全都是银松雪柳了。"(《雾凇》，苏教版语文四年级上册)雾凇俗称树挂，是在严寒季节里，空气中过于饱和的水汽遇冷凝华而形成的一种自然现象。除了树挂，古往今来，属于雾凇的命名多达几十种，傲霜花、银花、雪柳、琼花……其中饱含着人们对雾凇的关注和喜爱。雾凇为冰封大地、草木凋零的吉林带来了另一番生机。因为雾凇具有空气"清洁器"和负氧离子"发生器"的作用，所以每逢雾凇出现，天空都会格外湛蓝，空气也会格外清新。

如果说冬季的吉林是冰雕玉琢的童话世界，那么春夏的吉林就是郁郁葱葱的森林王国。

"你看见街边重重叠叠挺拔苍劲的油松——那是在长春。"(《城市的标识》，北师大版语文六年级下册)课文中的油松就是长春市民口中的黑松，全名"黑皮油松"，是长春广泛种植的树种之一。除了挺拔苍劲的油松，长春的街道上还杨柳依依，桃树杏树的枝头挂着簇簇花球，矮树墙中丁香的香气藏也藏不住……新中国成立70年来，长春的绿化面积已达180平方千米，树种增至约250种，公园、街角花园如大大小小的翡翠般点缀于城市之中。2017年，长春首个对外开放的屋顶花园正式落成。在4000多平方米的空间里，有50余种绿色植物、20余种各地花卉、15个艺术建筑，绿化率超过80%。楼阁一侧正对着长春南湖公园，远远看去，湖水碧绿，游人泛舟湖上。倚栏远眺，半城风貌尽收眼底。

头顶有蓝天白云，脚下是一片黑土。夏有22℃的清凉，冬有玉树琼枝，春有绿草茵茵，秋有麦田金黄……如今吉林全省的森林覆盖率为44.6%，排在全国第11位，2018年地级以上城市空气质量优良天数比例达到90.3%，一幅秀美的吉林画卷正在徐徐展开。

夏日里的通化市美则美在带着历史气韵的山水间。浑江水流蜿蜒，靖宇山满目葱茏。坐落在浑江东岸靖宇山上的"杨靖宇烈士陵园"松柏参天、红窗碧瓦，将人带入气壮山河的历史回忆之中。

1931年9月18日夜，日军炮轰沈阳北大营，"九一八"事变爆发。几天后，日军占领吉林。次年2月，东北全境沦陷，辽阔富庶的东北转瞬间变成人间地狱。

国家有难，匹夫有责。无数仁人志士奋勇而起，浴血奋战，其中就有在吉林牺牲的抗日名将杨靖宇。

翻开西南师范大学出版社出版的六年级语文下册，就可以读到《抗日英雄杨靖宇》的感人故事："1940年2月的一天晚上，杨靖宇带着十几名战士向濛江东边的大森林进发。但此次行动

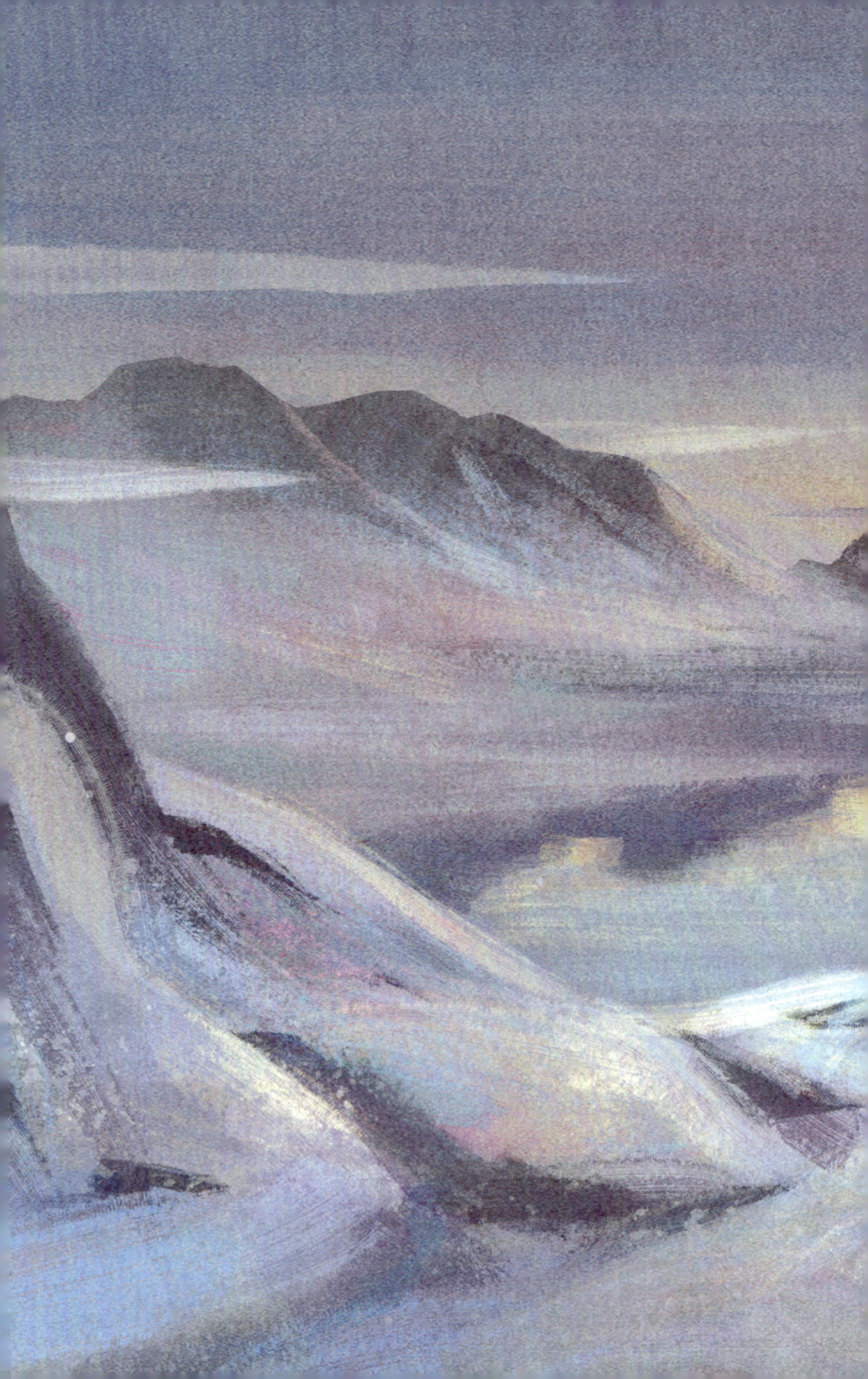

长白山天池

不幸被叛徒告密,他们在离濛江不远的地方被数千名日寇包围了。"在危急关头,杨靖宇毅然把生的可能让给了同志,把死的危险留给了自己,只身一人与敌人周旋了五天五夜,最后陷入重重围困。英勇就义前,"他高呼:'打倒日本帝国主义!中国共产党万岁!'然后把最后一粒子弹留给了自己……杨靖宇牺牲后,敌人无法理解一个抗联战士为何如此英勇顽强,他们把杨靖宇的遗体进行解剖。打开肠胃,鬼子军官惊呆了:在这个只身与数千名日本兵战斗了五天五夜的抗联司令的肚子里,竟找不到一粒粮食,有的只是未消化的野草、树皮和棉絮……"

山河破碎,激发起无数中华儿女的家国情怀。现代诗人戴望舒就曾在诗中写到杨靖宇牺牲的长白山地区:"我用残损的手掌摸索这广大的土地:这一角已变成灰烬,那一角只是血和泥……这长白山的雪峰冷到彻骨……"(《我用残损的手掌》,人教版语文九年级下册)

一段历史,悲壮激昂,铭刻于心;一种精神,激励世人,辉映未来。正如课文《抗日英雄杨靖宇》中所说:"杨靖宇虽然倒下了,但他那大无畏的革命精神,激励着千百万优秀的中华儿女,走上抗日前线。"1952年,经国家批准决定,在杨靖宇的安葬地——吉林省通化市修建"杨靖宇烈士陵园"。自2008年免费开放以来,杨靖宇烈士陵园年均接待量约40万人次,成为吉林开展爱国主义教育活动的重要场所。英雄的故事走进越来越多吉林人的心里,化作吉林发展的不竭源泉。

课本里的吉林

从寒江雪柳的松花江畔到满目葱茏的长白山，从海兰江畔的多彩延边到波光粼粼的查干湖，在吉林省18万平方千米的壮美大地上，吉林各族人民正用脚踏实地的行动绘就全面振兴的美好图景。

文 / 任　爽
2019 年 7 月 21 日

课本里的黑龙江

《山海经》曰:"北海之内,有山,名曰幽都之山,黑水出焉。"像黄河长江一样,千万年奔腾不息的黑龙江孕育出了神奇美丽的黑土地。大森林、大粮仓、大油田、大江河,广袤的黑土地有着天地之大美;大米、大豆、大酱、大炖菜,大碗喝酒、大口吃肉,这儿的人天性有着一种豪爽、一种大气。白山黑水间,就是能出杨靖宇、赵尚志、铁人王进喜这样的大英雄!在中小学语文课本里,有不少课文写到了这些英雄。

《摘掉石油工业落后的帽子》（教科版语文五年级下册）为我们介绍了"铁人"王进喜的感人事迹："一场开发大庆油田的大会战打响了。昔日荒凉的大草原上，汇聚了几万人的石油大军。他们当中，有个名叫王进喜的中年人。他从15岁起就进玉门油矿做苦工，受尽了外国工头的欺辱。解放后，穷苦人民翻了身，他当上了钻井队长。作为一名石油工人，他在北京开会的时候，看到国家因缺石油，汽车顶上背着黑乎乎的煤气包，心里十分难过，他暗下决心：'我一定要为中国人民争口气，把石油工业落后的帽子扔到太平洋去！'"如今的大庆已成为我国最大的石油生产基地，石油产量占全国总产量的半壁江山。每次到大庆，我都会想起"铁人"许多朴实而顽强的话语："宁可少活20年，拼命也要拿下大油田""有条件要上，没有条件创造条件也要上""干工作要经得起子孙万代检查"等等。铁人精神在黑龙江乃至全国都有着不朽的价值和永恒的生命力。

"别哭，孩子，那是你们人生最美的一课。你们的老师，她失去了双腿，却给自己插上了翅膀；她大你们不多，却让我们学会了许多。都说人生没有彩排，可即便再面对那一刻，这也是她不变的选择。"这是《颁奖词三则》（教科版语文六年级下册）课文中写给佳木斯女教师张丽莉的颁奖词。听着这段话，许多人不禁流下了眼泪。2012年5月8日晚，佳木斯市第十九中学女教师张丽莉在车祸发生的那一刻奋力推开学生，自己却不幸被车轮碾轧，经全力抢救脱离生命危险，而双腿却高位截肢。有人问张丽莉:"你后悔吗?"她回答:"不后悔。这样做是我的本能。我已经28岁了,我已和父母度过28年的快乐时光。那些孩子还小,他们的快乐人生刚刚开始。"张丽莉,黑土地上一名普通的中学教师,她的身上却有着一种让人感到震撼的精神力量。

黑土地像母亲一样有着博大的胸怀,生养着这方土地上的人们。黑土地上的老百姓多是像"闯关东"的移民一样"闯"过来的,可不管你是来自中原,还是来自山东,不管你是农耕一族,还是游牧民族,这片土地宽厚的胸膛都给你的生命广阔空间。在中小学课文中,许多作家像母亲的孩子一样用真挚的情感表达着对黑土地深深的眷恋和热爱。

"对于广大的关东原野,我心里怀着挚痛的热爱。我无时无刻不听见她呼唤我的名字,无时无刻不听见她召唤我回去。我有时把手放在胸膛上,知道我的心是跳跃的。我的心还在喷涌着血液吧,因为我常常感到它在泛滥着一种热情。"在《土地的誓言》(部编版语文七年级下册)里,作家端木蕻良抒发了对东北国土沦丧的悲愤之情和对故乡的深深眷恋。"当我躺在土地上的时候,当我仰望天上的星星,手里握着一把泥土的时候,或者当我回想起儿时的往事的时候,我想起那参天碧绿的白桦林,标直漂亮的白桦树在原野上呻吟;我看见奔流似的马群,听见蒙古狗深夜的嗥鸣和皮鞭滚落在山涧里的脆响;我想起红布似的高粱,金黄的豆粒,黑色的土地,红玉的脸庞,黑玉的眼睛,斑斓的山雕,奔驰的鹿群,带着松香气味的煤块,带着赤色的足金……"

在黑龙江境内分布着的大兴安岭和小兴安岭,是祖国北疆重要的绿色屏障。中小学课本中都收入了描绘它们的好文章。"我总以为大兴安岭奇峰怪石高不可攀。这回有机会看到它,并且走进原始森林,脚踩在积得几尺厚的松针上,手摸到那些古木,才证实这个悦耳的名字是那样亲切与舒服。"在《林海》(人教版语文六年级上册)中,作家老舍由衷地表达了对大兴安岭的喜爱。"目之所及,哪里都是绿的,的确是林海,群岭起伏是林海的波浪。多少种绿颜色呀:深的,浅的,明的,暗的,绿得难以形容,恐怕只有画家才能够描绘出这么多的绿颜色来呢!"

"我国东北的小兴安岭,有数不清的红松、白桦、栎树……几百里连成一片,就像绿色的海洋。"在《美丽的小兴安岭》(部编版语文三年级上册)中,作家董玲秋在字里行间处处流露出对小兴安岭的赞美和热爱。"太阳出来了,千万缕像利剑一样的金光,穿过树梢,照射在工人宿舍门前的草地上。"

许多作家回忆起黑龙江,都仿佛回到了童年,记忆里充满了儿时的天真和质朴。"我家有一个大园子,这园子里蜂子、蝴蝶、蜻蜓、蚂蚱,样样都有。蝴蝶有白蝴蝶、黄蝴蝶。这些蝴蝶极小,不太好看。好看的是大红蝴蝶,满身带着金粉。蜻蜓是金的,蚂蚱是绿的,蜂子则嗡嗡地飞着,满身绒毛,落到一朵花上,胖圆圆的就跟一个小毛球似的不动了。"在《我和祖父的园子》(苏教版语文五年级下册)中,呼兰河边的小城里不仅

林海雪原

住着作家萧红的祖父,还有她的大花园和自由自在难忘的童年。

"我家住的那个小屯,偎在完达山的山窝里,紧贴在牡丹江的江边上。我记得,夏天在江边洗澡,鱼多得直撞你的腿。小鱼儿一群又一群,仿佛铺满了江底。它们追逐着啃咬你的脚,咬得你心里麻痒痒的,直想咯咯笑。"怀念童年也就意味着怀念故乡,在《难忘的故乡》(教科版语文五年级上册)一文中,作家刘亚舟通过描写自己有趣的童年再现了完达山下美丽的故乡。

黑龙江地大物博,大自然尤其雄伟神奇。在课文《地下森林断想》(人教版语文九年级下册)中,作家张抗抗记录下了黑土地大自然的奇迹:"就像那一切火山爆发后留下的痕迹一样,在这里,黑龙江宁安境内距镜泊湖180公里的山林里,早已沉寂的火山留下了七个不规则的深坑,四面均为悬崖,险岩峭立,怪石嶙峋。""几千年过去了,几万年过去了,进入了人类的文明时代。终于有一天,人们在昔日的死火山口发现了一个奇迹,一个生命史上的奇迹——幽暗的峡谷里竟然柞木苍郁,松树成林。整整齐齐、密密麻麻地耸立着一片蔚为壮观的森林。只因为它集于井底一般的深谷之中,而又黑森森不见阳光,有人便为它起了一个恰如其分的名字,叫做地下森林。"

《太阳与士兵》(语文版语文六年级上册)中记录了黑龙江"东方第一哨"里一个士兵与太阳的对话。"太阳:当我的脚步刚刚踏上中国大地的时候,我第一眼看到的是中国'东方第一哨'的士兵……士兵:站立在祖国的最东端,我们成了连接太阳与祖国的最佳导体，我们因此变得神圣。我们也成了光明的元素，我们也要发光，我们也要传热。我们要将我们全部的光和热，献给祖国，献给人民，献给您——伟大的太阳！"

春有百花开，夏有稻花香，秋有明月照，冬有白雪妆。神奇而美丽的黑龙江就像东方第一哨的士兵一样，挺立在祖国的最东端，为祖国迎来第一缕曙光，并把全部的光和热，永远献给祖国和人民。

文 / 赵洪波
2018 年 10 月 14 日

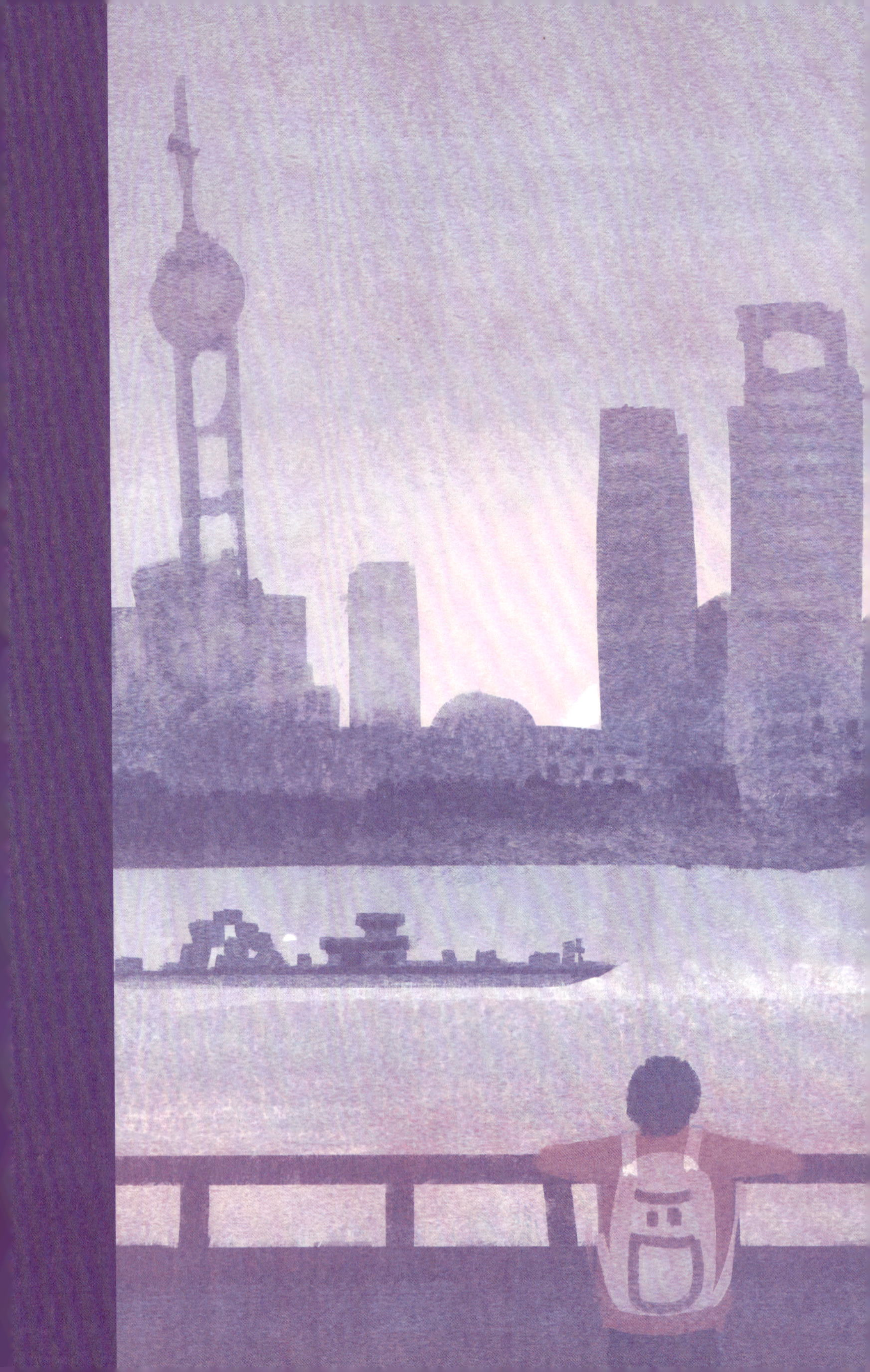

课本里的上海

要怎样描述上海？地域面积不大，只有6340平方千米，在中国4个直辖市里是最小的，人们却愿意称她"大上海"。20世纪二三十年代，因错综迷离的世相和现代化的摩登都市景观，她便得了一个外号——"魔都"，这个名字在民间沿用至今，特别受到年轻人喜爱。

上海是有其大的，"大上海"并非虚名——她是中国最大的经济中心城市，全球城市中的一颗璀璨明珠，2400多万人在这里生活，210多万家企业在这里发展。上海的"大"，更在于胸怀、格局，所谓"海纳百川、追求卓越、开明睿智、大气谦和"，便是上海的城市精神。

上海是有其魔力的，有着很多让人"着魔"的地方——东方和西方、传统和现代、本地和外来，一起成就了上海，上海是中国城市现代化的缩影，是文化交流和文明互鉴的生动写照。上海的魔力，和她的"大"不无关系——因其包容而多元，因其多元而多彩。

当我们循着语文课本走进上海，你会发现，课本里的上海也是色调丰满的，如同这座城市所拥有的，有厚重乃至沉痛的记忆，也有面向未来的轻盈和先锋；课本里的上海，是不断变化发展的，更是和国家命运紧密相连的，正如这座城市所经历的：上海是全国的上海，与新中国70载峥嵘岁月共成长，在改革开放的波澜壮阔中立于潮头，上海始终是先行者，是排头兵。

课本里的上海，是不断生长的。"苇蓬疏薄漏斜阳，半日孤吟未过江。唯有鹭鸶知我意，时时翘足对船窗。"（《泛吴松江》，沪教版语文六年级下册）唐宋时的吴淞江是一条深阔的大江，"深广可敌千浦"，无怪乎诗人孤吟半日尚未过江。

那时的黄浦江不过是吴淞江的一条小支流，以至于史书中很少能够找到"黄浦"的名字。因吴淞江泥沙淤积，明代开始大规模疏浚黄浦，以致"黄浦夺淞"，年轻的黄浦江逆袭而成大江。事实上，在大江大河遍布的中华大地，全长113千米的黄浦江算不上一条大河，却是一条流淌着故事的河流。它见证了上海开埠170多年的历程，融入了近代以来上海城市的成长史，成为上海人心目中的母亲河。"黄浦江畔荟萃了上海城市景观的精华,这些景观成为上海城市的象征与代表。海内外游客到了上海,大多要到此一游。"(《黄浦江——美丽的母亲河》,沪教版语文七年级上册)

课本里的上海,镌刻着时代的足印。纺织业曾是上海的"母亲工业",明代松江布就有"衣被天下"的美誉。"在上海一带,曾经流传着一首民谣:'黄婆婆,黄婆婆,教我纱,教我布,两只筒子两匹布。'这首歌所唱的'黄婆婆'便是中国历史上著名的'棉神'黄道婆。"(《黄道婆》,语文版语文五年级下册)黄道婆是宋末元初时候的人,家住松江乌泥泾,她向世人传授纺织技术,推广先进的三锭纺纱机,受到世代百姓的敬仰。20世纪20年代,上海民族纺织工业进入黄金时代。纺织工业的兴起,带动了金融、物流、造船等产业的发展,为现代城市发展注入动力。比如,上海第一辆有轨电车,就是从杨树浦路开到东兴桥一线,因为当时杨树浦有大量纺织厂。

"这是杨树浦福临路东洋纱厂的工房。长方形的,红砖墙严密地封锁着的工房区域,被一条水门汀的弄堂马路划成狭长的两块。像鸽子笼一般地分得均匀,每边八排,每排五户,一共八十户一楼一底的房屋,每间工房的楼上楼下,平均住着三十二三个'懒虫'和'猪猡'……"(《包身工》,人教版高中语文必修一)1935年,作家夏衍深入东洋纱厂采访调查,写下这篇报告文学,揭开了包身工遭受种种非人待遇和残忍压榨的一面。

外滩晨曦

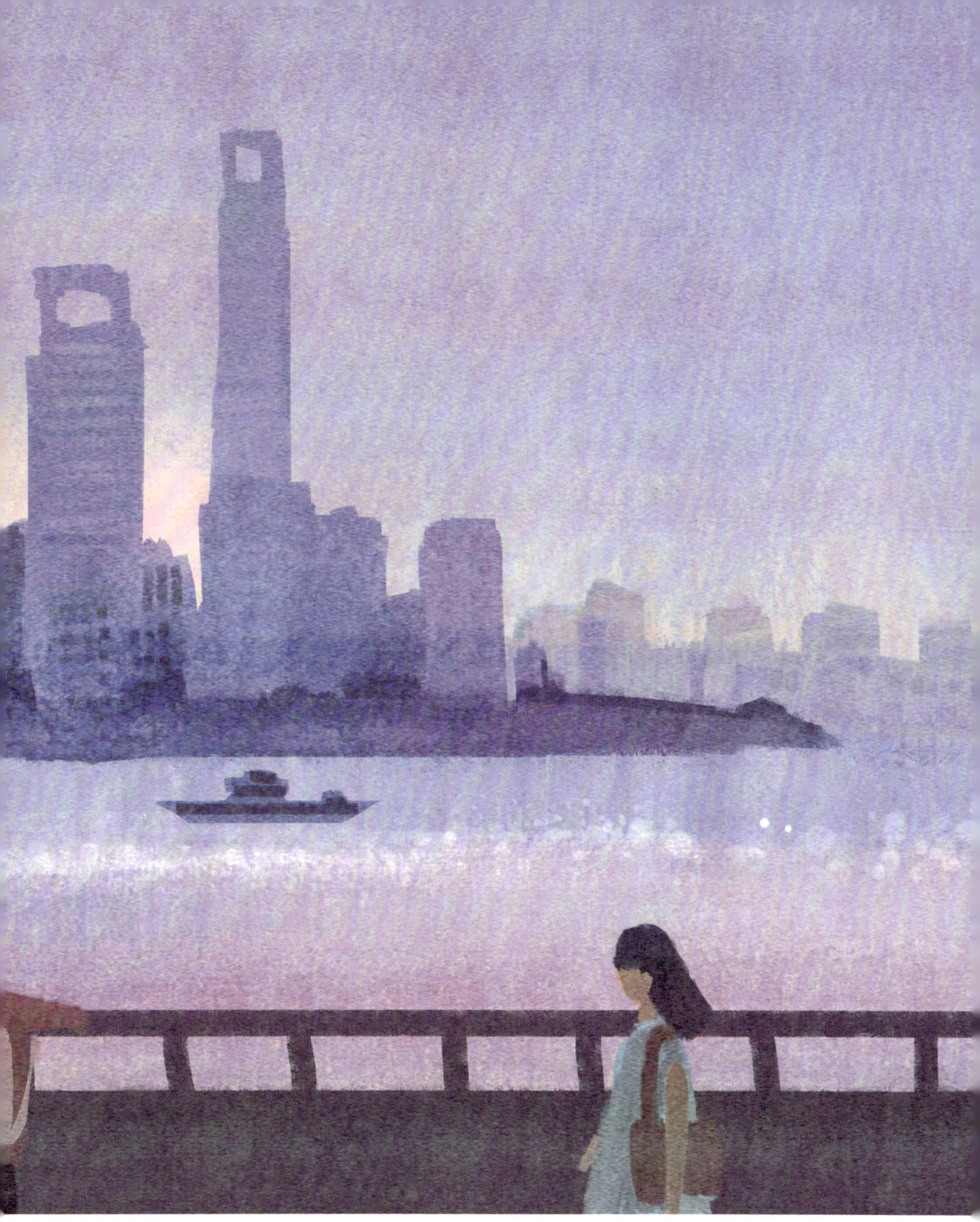

这是城市的伤痛、时代的疮疤。黄浦江恒流，上海恒新，从新中国成立，社会主义建设日新月异，到改革开放春风吹拂大地，再到浦东开发开放号角吹响，上海经历了几轮产业结构调整和经济社会转型发展。如今的杨树浦完成了从"工业锈带"到"生活秀带"之变，城市真正成为人民的城市，城市治理以人民为中心，把最好的空间给人民，市民在这里信步闲庭、运动休憩，那些记录城市历史的老建筑也得到了尊重和善待。

课本里的上海，是英雄的城市。"他的面孔黄里带白，瘦得教人担心，好像大病新愈的人，但是精神很好，没有一点颓唐的样子。头发约莫一寸长，显然好久没剪了，却一根一根精神抖擞地直竖着。胡须很打眼，好像浓墨写的隶体'一'字。"（《一面》，人教版语文六年级上册）那是鲁迅先生的面庞。从1927年自广州来到上海，到1936年逝世，鲁迅在上海生活了9年。海纳百川的上海，像磁石般吸引着各地文人学者在这里生息，如今依然如此。

"这20年间，他在学术上取得了辉煌的成就，生活上拥有丰厚的待遇。然而，他始终眷恋着生他养他的祖国。他在写给父亲的信中，不止一次地发出'旅客生涯作到何时'的感叹。他告诉父亲，他不止一次梦见上海，梦见那所伴他度过童年时代的房子。"（《始终眷恋着祖国》，苏教版语文八年级上册）这是钱学森赤诚的思乡之情，他冲破重重阻碍回到祖国，为国奉献。坐落在上海交通大学的钱学森图书馆，用丰富的馆藏展现了"人民科学家"是怎样炼成的。

"植物学家、科普达人、援藏干部、教育专家……哪一个身份都可以以一种完整的人生角色在他身上呈现。在生命的高度和广度上，他一直在探索自己的边界，直到他生命戛然而止的那一天……"（《"探界者"钟扬》，部编版高一语文必修上册）这是复旦大学钟扬教授53岁的人生。他是新时代的奋斗者，他的精神与上海的城市精神共振，展现了一名优秀共产党员和优秀知识分子的时代风采。

正是有了千千万万个生活在这里、奋斗在这里的人，才积淀了上海的城市底色和独特气质。上海是红色的，是先进的，上海是开放的，是多样的；上海是精细的，又是阔大的，上海是厚重的，又是始终年轻的。上海何以成其大？走进课本里的上海，深入这座城市的记忆，感知时代跃动的脉搏，你也会爱上上海，被她的"魔力"深深吸引。

文/颜维琦

2019年11月10日

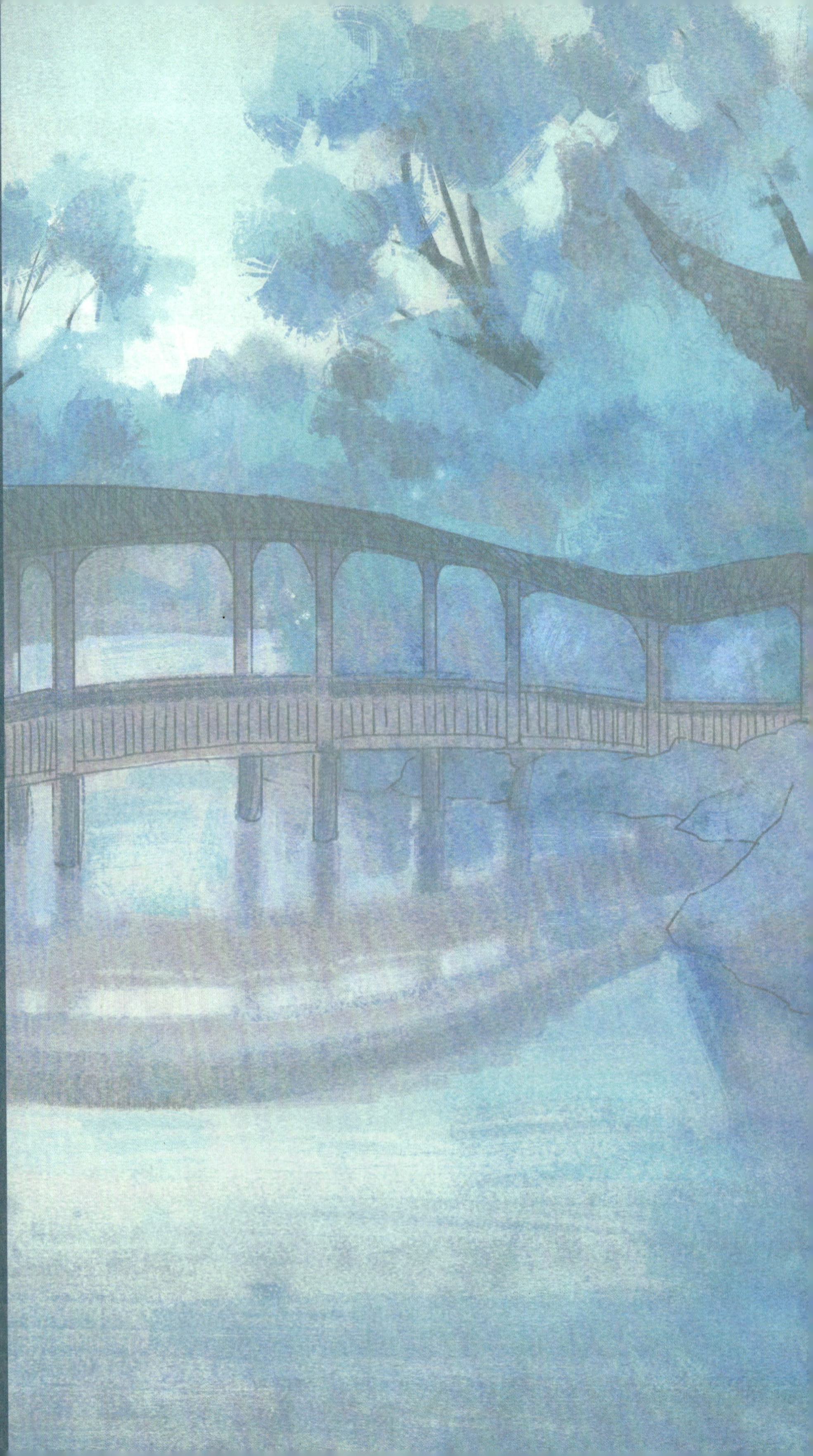

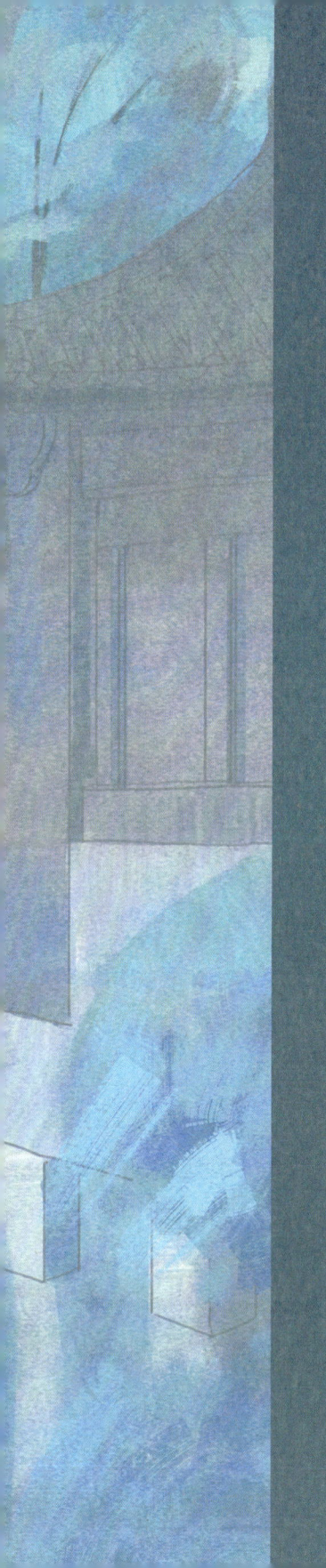

课本里的江苏

　　这是一片八面来风、兵家必争的土地，这也是一方温柔细腻、杏花烟雨的土地。这是一片汉风浩荡、龙吟虎啸的土地，这也是一方吴韵悠悠、吴侬软语的土地。

　　古往今来，江苏秀美的山水孕育了一代代文人墨客的水韵情怀，也启迪了经由此地的人们无限的灵感，无数人在这里吟咏、怀想、才情荡漾，留下了或抒情言志，或歌咏江河的俊逸华章，词句间的情真意切又赋予了江苏一草一木、一山一水以灵动的生命，成就了这方山水厚重的文化底蕴与品格。而翻开中小学语文课本，这个最早带领我们接触文学的载体，很多让人倒背如流的文字里都蕴含着江苏身影。

"月落乌啼霜满天，江枫渔火对愁眠。姑苏城外寒山寺，夜半钟声到客船。"(《枫桥夜泊》，苏教版语文三年级上册)课本里的江苏，是一缕淡淡的客愁，在江畔秋夜、渔火点点中被点染得朦胧隽永，在姑苏城的夜空中摇曳飘忽，为那里的一桥一水、一寺一城平添了千古风情，吸引着古往今来寻觅静夜钟声的人们。

江苏的如画山水间附着了太多离愁别绪。"京口瓜洲一水间，钟山只隔数重山。春风又绿江南岸，明月何时照我还。"(《泊船瓜洲》，人教版语文五年级上册)"寒雨连江夜入吴，平明送客楚山孤。洛阳亲友如相问，一片冰心在玉壶。"(《芙蓉楼送辛渐》，人教版语文六年级下册)文人墨客触景生情，情感真挚而细腻。

"这时我看见他的背影，我的泪很快地流下来了。我赶紧拭干了泪。怕他看见，也怕别人看见……过铁道时，他先将橘子散放在地上，自己慢慢爬下，再抱起橘子走。到这边时，我赶紧去搀他。"(《背影》，部编版语文八年级上册)课本里的江苏，是作家朱自清在浦口火车站站台上透过泪光看见的父亲凄楚的背影，是父子离别时拳拳的依恋和惆怅，是至真至朴、引人共鸣的父子深情。

江苏，文脉绵延，水韵悠长。长江经由江苏奔流入海，成为这江南水乡的主脉，长江水赋予江苏温润灵动、包容开放的历史文化气息，也把众多江湖河荡连接起来，勾勒出蜿蜒飞舞的轮廓，氤氲的水汽为这片土地笼罩起一层诗意。

"客路青山外，行舟绿水前。潮平两岸阔，风正一帆悬。海日生残夜，江春入旧年。乡书何处达？归雁洛阳边。"(《次北固山下》，部编版语文七年级上册)红日于江面初升，春意已然闯入，课本里的江苏，是江水浩渺、波平浪静、扬帆东下的气概豪迈。

"春江潮水连海平，海上明月共潮生。滟滟随波千万里，何处春江无月明！"(《春江花月夜》，人教版高中语文选修·中国古代诗歌散文欣赏)扬子江边，清幽如诗，月光涤荡了世间万物的五光十色，只剩下泛着粼粼波光的江水绕过花草遍生的扬州大地绵延向前。课本里的江苏，是与长江共在的生生不息。

江苏，意趣盎然，风韵典雅。"苏州园林在每一个角落都注意图画美。阶砌旁边栽几丛书带草。墙上蔓延着爬山虎或者蔷薇木香。如果开窗正对着白色墙壁，太单调了，给补上几竿竹子或几棵芭蕉。诸如此类，无非要游览者即使就极小范围的局部看，也能得到美的享受。"(《苏州园林》，部编版语文八年级上册)江南园林甲天下，苏州园林甲江南。苏州园林的构建，既有花影粉墙、曲径斜廊的人工雕琢，也有雨打芭蕉、移步换景的天然之趣，建筑与自然和谐相融，"不出城郭而获山水之怡，身居闹市而有灵泉之致"，成就了苏州园林的风华绝代。

镇江北固山上，曾任镇江知府的辛弃疾，每每凭高望远，抚今追昔，皆不胜感慨，留下了气吞山河、传唱千古之作。

"何处望神州？满眼风光北固楼。千古兴亡多少事？悠悠。

拙政园

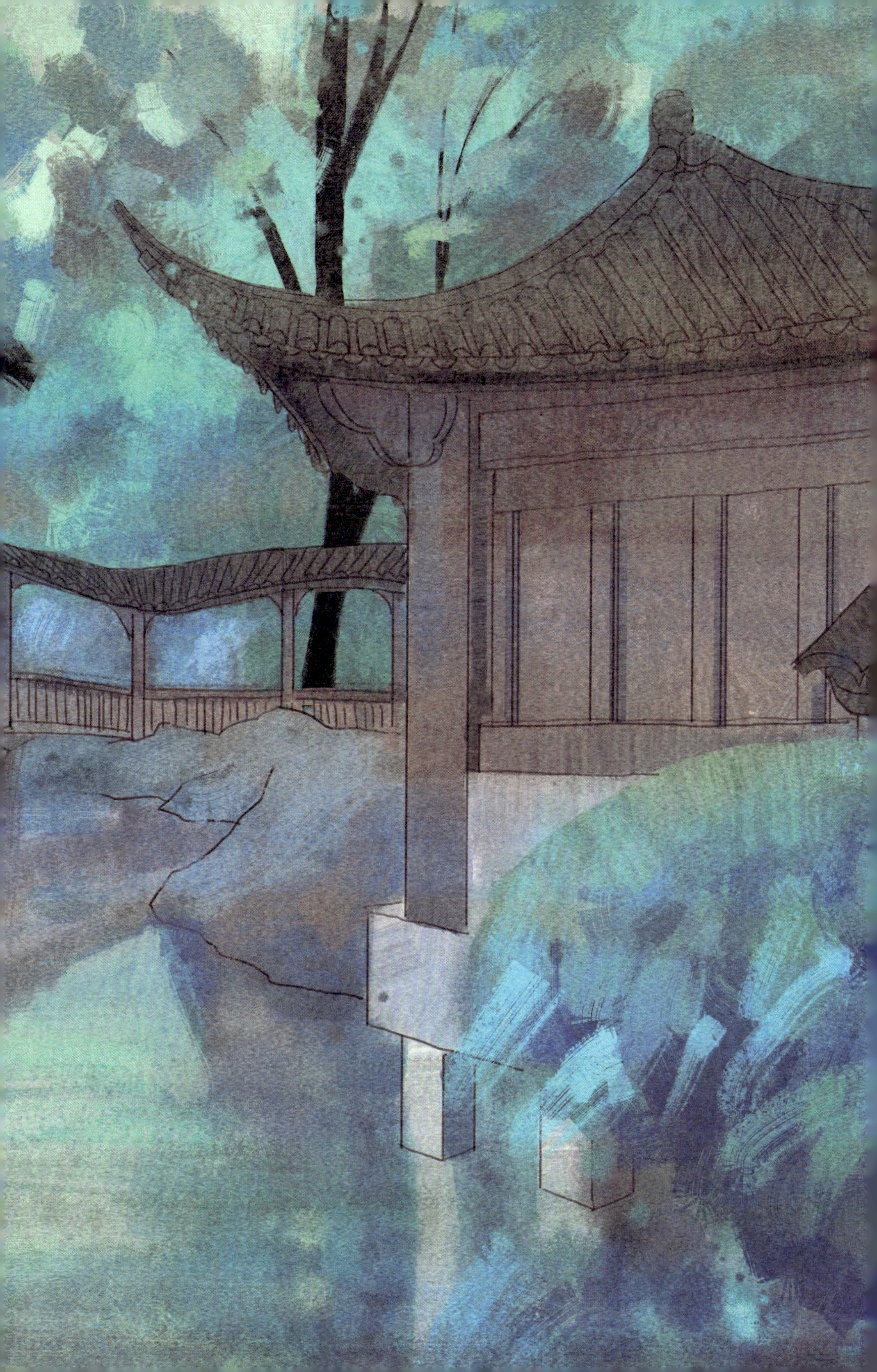

不尽长江滚滚流。"(《南乡子·登京口北固亭有怀》,人教版语文九年级上册)"元嘉草草,封狼居胥,赢得仓皇北顾。四十三年,望中犹记,烽火扬州路。可堪回首,佛狸祠下,一片神鸦社鼓。凭谁问:廉颇老矣,尚能饭否?"(《永遇乐·京口北固亭怀古》,人教版高中语文必修四)课本里的江苏,有着金戈铁马、为国效力的壮志情怀,蕴含着浓浓的爱国思想。

南京秦淮河畔,十里珠帘见证了六朝烟雨,清幽河水流淌着朝代兴衰。"烟笼寒水月笼沙,夜泊秦淮近酒家。商女不知亡国恨,隔江犹唱后庭花。"(《泊秦淮》,部编版语文七年级下册)"春花秋月何时了?往事知多少。小楼昨夜又东风,故国不堪回首月明中。雕栏玉砌应犹在,只是朱颜改。问君能有几多愁?恰似一江春水向东流。"(《虞美人》,苏教版高中语文必修四)课本里的江苏,也曾屡经兵火,山河残破,历史的车轮从这片土地上碾过,留下诸多诗人的感怀与思索,在家国亡思中启迪后人以历史为鉴,不重蹈覆辙。

近代的江苏,民族精神在血泪中熊熊燃烧,从"天下兴亡,匹夫有责"到"为中华之崛起而读书",道出了江苏柔怀天下的"济世"情怀。

"入夜,我自长江边徘徊,大江东去,逝者如斯。时光可以流逝,受害人终离人世,然而历史无法忘却也不应该忘却。风景秀丽的燕子矶,1937年12月13日,这里曾堆积过超过五万的尸骸。枪声炮声哭声喊声,被蹂躏的南京发出痛苦的悲号。"

(《南京大屠杀》，语文版语文八年级下册）课本里的江苏，也曾受过惨绝人寰的灼烧炙烤，不忘国耻的烙印烫在每个人的心上，永远激励着吾辈自强。

"钟山风雨起苍黄，百万雄师过大江。虎踞龙盘今胜昔，天翻地覆慨而慷。宜将剩勇追穷寇，不可沽名学霸王。天若有情天亦老，人间正道是沧桑。"（《七律·人民解放军占领南京》，沪教版语文九年级下册）课本里的江苏，昂扬着必胜的信念和革命豪情，奏响了一首首气势磅礴、雄壮有力的嘹亮军歌。

深厚的历史内涵和江南水乡的柔美是江苏永不褪色的气质，在新时代的蓬勃之春里，江苏正快速书写着新的精彩。未来，我们可以期待，课本里会有更多江苏的文化印记。

文/苏 雁 吴天昊
2018年11月4日

课本里的浙江

　　这里水多，山也多。这里既温柔，也刚烈。这里既是浪漫主义的，也是现实主义的。这里既是中华文明的发祥地之一，又是互联网产业发展的一片高地。在矛盾和碰撞里，这片土地上逐渐生长出了一种特别的美。

　　这里是浙江。人们不吝惜最美好的词来描述它，不吝惜将浓浓的乡愁安放于此，无数动人的诗篇也因此进入语文课本，构建起了广大学子最初的、共同的浙江印象。

　　读懂课本里的浙江，也就读懂了中国人对美好生活始终如一的向往。

浙江多水。坐拥钱塘江、瓯江、灵江、苕溪、甬江、飞云江、鳌江、曹娥江等水系，杭州西湖、绍兴东湖、嘉兴南湖等名湖，这片土地美得灵动又多变。仅一个西湖，就有一万种方式与你相遇。每当西湖下起雪，朋友圈里总会有三五个朋友晒着不同角度的西湖雪景。而早在千年前，这个全中国共赏同一种美景的使命，就已经由诗词来完成——

"最爱湖东行不足，绿杨阴里白沙堤"（《钱塘湖春行》，部编版语文八年级上册）是春水初涨时的西湖；

"接天莲叶无穷碧，映日荷花别样红"（《晓出净慈寺送林子方》，部编版语文二年级下册）是夏日阳光下的西湖；

"水光潋滟晴方好，山色空蒙雨亦奇"（《饮湖上初晴后雨》，部编版语文三年级上册）是晴光雨色里的西湖；

"雾凇沆砀，天与云与山与水，上下一白"（《湖心亭看雪》，部编版语文九年级上册）是大雪三日后的西湖。

唐诗宋词里的江南水乡，就是千年来人们所向往的远方——

她是柳永笔下"烟柳画桥，风帘翠幕，参差十万人家""羌管弄晴，菱歌泛夜，嬉嬉钓叟莲娃"（《望海潮》，人教版高中语文必修四），一派繁华富庶、水城共融的北宋市井生活景象。

她是张志和笔下"西塞山前白鹭飞，桃花流水鳜鱼肥。青箬笠，绿蓑衣，斜风细雨不须归"（《渔歌子》，人教版语文四年级下册），一种风在吹、鸟在飞、水在流、鱼在游的简单生活乐趣。

她是王羲之笔下"此地有崇山峻岭，茂林修竹，又有清流激湍，映带左右，引以为流觞曲水，列坐其次"（《兰亭集序》，人教版高中语文必修二），一场潺潺溪水旁的风雅集会和诗意狂欢。

即便文风硬朗如鲁迅，回忆起家乡的水来，也好似加了柔光滤镜，水汽氤氲里满是藏不住的乡愁，"两岸的豆麦和河底的水草所发散出来的清香，夹杂在水气中扑面的吹来；月色便朦胧在这水气里"（《社戏》，部编版语文八年级下册）。

相比湖水、溪水的温柔，江水则要热烈得多。"只见白浪翻滚，形成一堵两丈多高的水墙。浪潮越来越近，犹如千万匹白色战马齐头并进，浩浩荡荡地飞奔而来；那声音如同山崩地裂，好像大地都被震得颤动起来。"（《观潮》，人教版语文四年级上册）如果说柔秀的西湖水是浙江人的血液，那么汹涌的钱塘潮就是浙江人的骨架。千百年来，钱塘江口的潮涌日复一日，呼应着浙江人骨子里勇立潮头的精神，激励着浙江人民励精图治，用双手创造美好生活。

浙江也多山，山让这片土地多了一些神秘与旷达。许多诗人正是在失意之时，在浙江的山野里获得了人生的新体验，找回了生命的意义。

"不畏浮云遮望眼，自缘身在最高层。"（《登飞来峰》，部编版语文七年级下册）宋仁宗皇祐二年（1050）夏天，时年30岁的王安石在浙江鄞县知县任满回江西临川故里时，途经杭州，写下此诗。他力图改革，抱负远大。他登高望远，大千世界尽收

西湖

眼底，天地间的那种壮阔与豪情也就自然地揉入了他的心中。

"山重水复疑无路，柳暗花明又一村。"(《游山西村》，部编版语文七年级下册）宋孝宗乾道三年（1167）初春，陆游被罢官后闲居在绍兴老家，干脆来了一次乡村游。他漫步在青翠可掬的山峦间，山间清泉沿着曲折溪流汩汩流淌，草木愈见繁茂，蜿蜒的山径也愈加依稀难认。正当他快要迷失在山水之间时，忽见炊烟袅袅，顿觉豁然开朗，走进了一片前所未见的新天地。

"鸢飞戾天者，望峰息心；经纶世务者，窥谷忘反。"(《与朱元思书》，部编版语文八年级上册）魏晋南北朝时，政治黑暗，社会动乱，不少知识分子只好寄情山水来排解心中苦闷。在这样的时代背景下，富春江两岸的山水抚慰了南朝文学家吴均的心，让他情有所寄，让他从世俗中解脱出来，回归自然，回归生命。

知来处，明去处。挖掘出浙江一脉相承的文化基因，也就找到了前往未来的通关密码。梳理课本里的浙江之美，会发现这种美不仅在山在水，在秀美的景观中，也在人在文，在火热的生活中。可以说，浙江定义了这样一种审美标准——生活在浙江，就是我们向往的生活。

文／方曲韵　陆　健
2019年1月20日

课本里的安徽

安,意为安宁;如果把"徽"字拆开,就是"山、水、人、文"。这意味着安徽不但有青山(黄山、九华山)绿水(淮河、长江、新安江)所勾勒出的美景,更滋养出厚重的历史、绚烂的文化、睿智且敢为人先的人民。"安""徽"两个字金风玉露一相逢,立刻在中国的版图上呈现出一方安静大美的沃土,丰富了中国文化的内涵。

安徽素有"人文渊薮"之誉,在中华文化由黄河流域向长江流域的推移中,安徽恰好成为承担这一南北转移的通道,让中华文化在广袤的江淮大地上投下了浓重的影子。在作为民族文化传承载体的中小学语文课本中,"安徽身影"一直占据着耀眼的地位。

从古至今，安徽诞生了老子、庄子、淮南子，并以其思想成就道家文化的源头，也哺育出皋陶、管仲、曹操、华佗、嵇康、包拯、吴敬梓、陈独秀、胡适、陶行知、朱光潜……这些璀璨的星子，照亮了中国历史和文化的天空，也在中小学教材中熠熠生辉，泽被后世。

安徽的山水之美、人文之胜，更吸引了无数文人墨客在此流连忘返，并留下千古吟唱。陶渊明、谢朓、李白、白居易、苏轼、欧阳修、辛弃疾、陆游、徐霞客……他们留下的足迹和饱含深情的诗文，丰富了中国文化的宝库，也屡屡出现在中国所有弦歌不辍的课本上——人类文化有多绵长，他们的春风化雨就有多久远。

翻开课本，就是开始一段中国文化之旅，你看到的是安徽，读出的却是中国。

"二十日夜起，长江北岸人民解放军中路军首先突破安庆、芜湖线，渡至繁昌、铜陵、青阳、荻港、鲁港地区，二十四小时内即已渡过三十万人。"（《人民解放军百万大军横渡长江》，部编版语文八年级上册）——课本里的安徽，是一首摧枯拉朽的嘹亮军歌。

"家国事重，何论意气"（《淝水之战》，苏教版高中语文一年级）；"仓廪实而知礼节，衣食足而知荣辱"（《管仲列传》，苏教版高中语文选修）。——课本里的安徽，是充满责任与担当的家国情怀。

"王侯将相宁有种乎？"（《陈涉世家》，人教版语文九年级上

望天門山

黄山奇石

册)——课本里的安徽,是一声响彻云霄的呐喊,第一次农民起义的猎猎大旗在宿州的大泽乡举起。

"锄禾日当午,汗滴禾下土。谁知盘中餐,粒粒皆辛苦?"(《悯农》,教科版语文四年级下册)——课本里的安徽,是亳州籍诗人李绅对民生之苦的深切关怀。

打开课本,每一篇经典文章后面,瑰丽山河中流淌着郁郁文气,传诵千古的诗文中氤氲着山水清气。踏上江淮大地,每一步,都领略到安徽人文的卓越神韵。

"桃花潭水深千尺,不及汪伦送我情。"(《赠汪伦》,人教版语文二年级上册)——课本里的安徽,是飘荡在泾县桃花和碧水间的友情,你若盛开,清风自来。

"众鸟高飞尽,孤云独去闲。相看两不厌,只有敬亭山。"(《独坐敬亭山》,人教版语文四年级下册)——课本里的安徽,是一幅淡雅恬淡的水墨山水。李白一生十余次来到安徽,并在62岁终老于此,不羁的诗魂与大江边的青山相伴,宣城敬亭山也因诗仙的名句从此成为"诗山"。

"孔雀东南飞,五里一徘徊。"(《孔雀东南飞》,人教版高中语文必修二)——课本里的安徽,是一首痴情和忠贞的恋歌,从安庆传诵至世界。

课本里的安徽,水草丰美山岳巍峨。"天门中断楚江开,碧水东流至此回。两岸青山相对出,孤帆一片日边来。"(《望天门山》,部编版语文三年级上册)"每当太阳升起,有座山峰上的几块巨石，就变成了一只金光闪闪的雄鸡。"(《黄山奇石》，部编版语文二年级上册)"环滁皆山也……望之蔚然而深秀者，琅琊也。"(《醉翁亭记》，部编版语文九年级上册)大美山水，大美安徽，大美中国。

课本里的安徽，是"燃灯者"的智慧和哲思。"子非我，安知我不知鱼之乐？"(《庄子与惠子游于濠梁之上》，部编版语文八年级下册)"夫夷以近，则游者众；险以远，则至者少。"(《游褒禅山记》，人教版高中语文必修二)"山不在高，有仙则名。水不在深，有龙则灵。"(《陋室铭》，部编版语文七年级下册)蒙城庄子晓梦迷蝶，含山褒禅别有洞天，和县陋室何陋之有？

课本里的安徽，是色正芒寒的清廉。"后世子孙仕宦，有犯赃者，不得放归本家，死不得葬大茔中。"(《包拯》，语文版语文七年级下册)修自律之身，养清廉之气，方能扬廉洁之风。

有黄山之奇、九华之幽，长江之汹涌、淮河之吟唱，醉翁亭下思古、杏花村里徜徉，明中都城墙徘徊、老子故里沉吟……安徽的每一寸土地都呈现出一份惊喜。

在中国历史的每一个时期、每一个行业和领域，从来都有安徽人矫健的身影。这是安徽文化自信的底色，更是安徽从文化大省迈向文化强省的底气。

文/常河
2018年9月9日

课本里的福建

闽山苍苍，闽水泱泱。

这里是红色圣地，先后召开两次古田会议，还是红军长征的重要出发地；这里是绿色宝地，获评全国首个生态文明试验区，森林覆盖率连续40年位居全国第一；这里还是两岸福地，是两岸融合发展的最前沿、台胞台企登陆的"第一家园"。这里就是八闽大地——福建。

福建，因古时境内有福州、建州两府，各取其首字而得名，简称"闽"，是古代海上丝绸之路的起点之一和21世纪海上丝绸之路核心区。福建位于我国东南沿海，东北与浙江毗邻，西北与江西接界，西南与广东相连，东南与祖国宝岛台湾隔海相望。

群峰连绵，郁郁葱葱。福建依山而居、三面环山，素有"八山一水一分田"之称，境内武夷山、戴云山、太姥山、冠豸山等大大小小的山脉不计其数，但名气最大的还是世界文化与自然双重遗产地武夷山。"武夷山在福建省西北部，那里峰峰有溪水环绕，溪水随山峰弯曲回转……武夷山的溪水绕着山峰转了九个弯，所以叫九曲溪。溪水很清，清得可以看见溪底的沙石。溪水很静，静得像一面镜子。"（《美丽的武夷山》，北师大版语文二年级下册）碧水丹山，九曲棹歌，武夷山的美如诗如画。"到武夷山游览，可以爬山，也可以坐在古朴的竹筏上，在九曲溪上绕着山峰静静地、缓缓地、曲曲弯弯地漂行。溪水轻轻拍着竹筏，青山徐徐从两边退去，人们会有一种入诗入画的感觉。"（《美丽的武夷山》，北师大版语文二年级下册）除了美，险是武夷山的又一特点。"天游峰——武夷山第一险峰。九百多级石梯，像一根银丝从空中抛下来，在云雾中飘飘悠悠，仿佛风一吹就能断掉似的。"（《天游峰的扫路人》，苏教版语文六年级下册）

武夷山还留下过许多动人的传说。"很久以前，东南沿海的武夷山是和台湾的阿里山连在一起的……奔腾的海水涌进了大沟，形成了台湾海峡。那断裂的大山，西边就是现在的武夷山，东边就是现在台湾的阿里山。"（《武夷山和阿里山的传说》，人教版语文四年级下册）传说中，被海水隔开的母女俩日思夜盼，希望早日见面。"妈妈爬上高高的武夷山顶，盼望女儿能早一天回到自己的身边……女儿被隔到海的东面，也时时想念着母

亲……据说，日月潭水就是女儿想念母亲流下的眼泪！"（《武夷山和阿里山的传说》，人教版语文四年级下册）

作为大陆距离台湾最近的省份，福建与台湾一衣带水，血脉相连，80%以上台湾同胞的祖籍都是福建。提到台湾，就不得不提到从荷兰侵略者手中收复台湾的民族英雄郑成功，他是福建南安人。"少年时代的郑成功，曾亲眼目睹荷兰侵略者在家乡福建沿海地区烧杀抢掠、残害乡亲。他从小就对荷兰侵略者十分憎恨。后来，郑成功成为统率千军万马的将领，便移师金门、厦门一带，决心进军台湾，赶走荷兰侵略者。"（《郑成功收复台湾》，语文版语文五年级下册）郑成功率领舰队渡海东征，经过英勇奋战，赶走了荷兰侵略者。"台湾同胞听说郑成功的军队到了，个个喜出望外。他们把粮食、海鲜、蔬菜和茶叶送来慰劳郑军官兵。高山族的酋长特地送来了鹿皮和兽肉，要见郑成功。郑成功赠给他们绸布和烟草，表示谢意。街头巷尾，鞭炮之声不绝，人们载歌载舞，欢庆胜利。"（《郑成功》，苏教版语文六年级上册）郑成功的伟大功绩，正如郭沫若所形容的，"开辟荆榛千秋功业，驱除荷虏一代英雄"。

福建不仅有民族英雄郑成功，还有被渔民和船工广为信奉的神祇妈祖。"我的故乡莆田（福建）出生一位举世闻名的女神：妈祖。故乡的人们亦往往称她为姑妈……她谙医理、习水性；她为民众医治疾病；她出生入死，常于惊涛骇浪乃至天地为之昏暗、震撼的海啸中，拯救遇到海难的渔船，或者漂流而来的古代海上之客船……妈祖被代代奉为女神，绝非偶然。因为，实际上她代表我国人民的某些优良品质，其中包括护国庇民的品质，她之所以被神化，正代表了我国人民对于此等品质的无限尊崇和敬慕。"(《妈祖》，人教版高中语文选修·中国民俗文化)

近代以来，福建又走出林则徐、沈葆桢、严复、林觉民、陈嘉庚、林语堂、林徽因等众多名人，他们身上浓缩了福建人"敢为人先、爱拼会赢"的进取精神。这种进取精神让福建人屡屡开风气之先，成为时代发展的弄潮儿。

从"下南洋"到"出海经商"，福建人从未停下闯荡世界的脚步，福建因此成为著名的侨乡，这里也诞生了许多情系祖国、投资兴业、造福桑梓的爱国华侨，陈嘉庚就是其中的杰出代表。"十七岁时，陈嘉庚远涉重洋，到新加坡学做生意。凭着他辛勤的劳作和诚信的经营，生意渐渐兴隆起来。但是，远在异乡的他，却时时想念着自己的故乡——福建省同安县集美镇。""他在集美先后办起了小学、中学、师范，还办起了水产学校、航海学校、农林学校、商科学校……1921年，他又用自己的全部积蓄，创办了福建省第一所大学——厦门大学。这时的陈嘉庚已年近五旬，两鬓染上了斑斑白霜。他常常对人们说：'要想让祖国立足世界，不受外国欺侮，必须从兴办教育开始。'"(《陈嘉庚办学》，语文版语文四年级下册)

福建是客家人集中分布的省份之一，闽西和闽南是福建客家人的主要分布地区。"在闽西南和粤东北的崇山峻岭中，点缀

福建土楼

着数以千计的圆形围屋或土楼……大部分土楼有两三百年甚至五六百年的历史……底层是厨房兼饭堂，二层当贮仓，三层以上作卧室，两三百人聚居一楼，秩序井然，毫不混乱。"(《各具特色的民居》，人教版语文六年级下册) 土楼给人最直观的印象就是它外观的圆形。为什么是圆形？因为"客家先民崇尚圆形，认为圆是吉祥、幸福和安宁的象征。"(《各具特色的民居》，人教版语文六年级下册)

　　山海交响，福来福往。从"闽道更比蜀道难"的偏隅之地到通达世界的便捷门户；从经济发展落后省份到改革开放前沿；从生态底色好提升到绿色发展强……"敢为人先、爱拼会赢"的福建人创造了可歌可泣的历史。沐浴着新时代的阳光，八闽儿女正怀揣梦想，奋力绘就"机制活、产业优、百姓富、生态美"的新福建画卷！

文 / 刘成志　高建进

2019 年 10 月 27 日

课本里的江西

又逢开学时节。

休憩了一个暑假的中小学校园,再次充盈起脉脉书香、琅琅书声。一册册崭新的课本,被孩子们捧在了手中。

而翻开各个年级的语文课本——从小学、初中阶段的教育部编义务教育教科书,到常见的人民教育出版社版普通高中课程标准实验教科书,仔细阅读,人们会发现,其间竟蕴含着如此多的"江西元素"。

课本里的中国

千百年来，钟灵毓秀的赣鄱大地不仅哺育出了陶渊明、欧阳修、曾巩、王安石、黄庭坚、杨万里、宋应星等大批历史文化名人，也引来了谢灵运、李白、白居易、苏轼、周敦颐等众多诗文巨擘游历留驻。自古以来，文化大家们在这里放歌山水，记叙游踪，敷陈掌故，抒发情怀，留下了许许多多脍炙人口的优美文字。其中的一部分，被选入了各年级语文课本，被无数学子吟哦诵咏，以启开心智，浸润心灵，相伴成长，相伴一生。

这一篇篇经典的传世名作，在课本当中，用疏朗的线条勾勒出了一个自然山水与历史人文交相辉映的江西——并非所有的省份，都能享有这样的殊荣。

课本里的江西，是雄壮美丽的——"飞流直下三千尺，疑是银河落九天"（《望庐山瀑布》，部编版语文二年级上册）。

课本里的江西，是变幻神奇的——"横看成岭侧成峰，远近高低各不同"（《题西林壁》，人教版语文四年级上册）。

课本里的江西，是奇崛险峻的——"大石侧立千尺，如猛兽奇鬼，森然欲搏人；而山上栖鹘，闻人声亦惊起，磔磔云霄间"（《石钟山记》，人教版高中语文读本第二册《一朵午荷》，第20课）。

课本里的江西，是开阔旷达的——"落木千山天远大，澄江一道月分明"（《登快阁》，人教版高中语文读本第三册《生命进行曲》，第15课）。

课本里的江西，是恬淡静谧的——"采菊东篱下，悠然见南山"(《饮酒》，部编版语文八年级上册)。

课本里的江西，是凄美悱恻的——"浔阳江头夜送客，枫叶荻花秋瑟瑟"(《琵琶行(并序)》，人教版高中语文必修三)。

课本里的江西，是温情喜悦的——"醉里吴音相媚好，白发谁家翁媪"(《清平乐·村居》，人教版语文五年级下册)……

风光、风物、风貌，情感、情境、情怀，流淌成独具魅力的赣文化风情。

这一篇篇经典的传世名作，在课本当中，用隽永的文字描绘出了一个色彩艳丽明快而内涵厚重的江西。

课本里的江西，是令人神往的绿色家园——"落霞与孤鹜齐飞，秋水共长天一色。渔舟唱晚，响穷彭蠡之滨；雁阵惊寒，声断衡阳之浦"(《滕王阁序》，人教版高中语文必修五)；"明月别枝惊鹊，清风半夜鸣蝉。稻花香里说丰年，听取蛙声一片"(《西江月·夜行黄沙道中》，人教版语文六年级上册)。人与自然，在这里和谐共生。

课本里的江西，是令人感佩的古色厚土——"悟已往之不谏，知来者之可追。实迷途其未远，觉今是而昨非"(《归去来兮辞(并序)》，人教版高中语文必修五)；"惶恐滩头说惶恐，零丁洋里叹零丁。人生自古谁无死？留取丹心照汗青。"(《过零丁洋》，部编版语文九年级下册)中华优秀传统文化所推崇的气节与风骨，在这里凛然呈现。

课本里的江西，是令人景仰的红色摇篮——"瑞金城外有个村子叫沙洲坝。毛主席在江西领导革命的时候，在那儿住过"（《吃水不忘挖井人》，部编版语文一年级下册）；"1928年，朱德同志带领队伍到井冈山，跟毛泽东同志会师了。红军在山上，山下不远处就是敌人"（《朱德的扁担》，部编版语文二年级上册）。"不忘初心，牢记使命"的红色血脉，在这里传承赓续。

红色、绿色、古色汇聚而成的"三色文化"，成为江西如今最亮的品牌、最大的优势、最深的底蕴。

如今的江西，井冈山挑粮小道、瑞金沙洲坝红井、庐山秀峰瀑布、九江琵琶亭、湖口石钟山、泰和快阁、南昌滕王阁、上饶秀美乡村……一处处游人如织的景观，与一篇篇课文相印证。

王勃在千古名篇《滕王阁序》里，曾用"物华天宝，龙光射牛斗之墟；人杰地灵，徐孺下陈蕃之榻"来描述江西。

如今，这里的人们正齐心协力，共绘着新时代江西物华天宝、人杰地灵的新画卷。

或许，他们今日的生动实践，也会在将来的课本中成为醒目的一页。

文 / 胡晓军
2018 年 9 月 2 日

落霞与孤鹜齐飞
秋水共长天一色

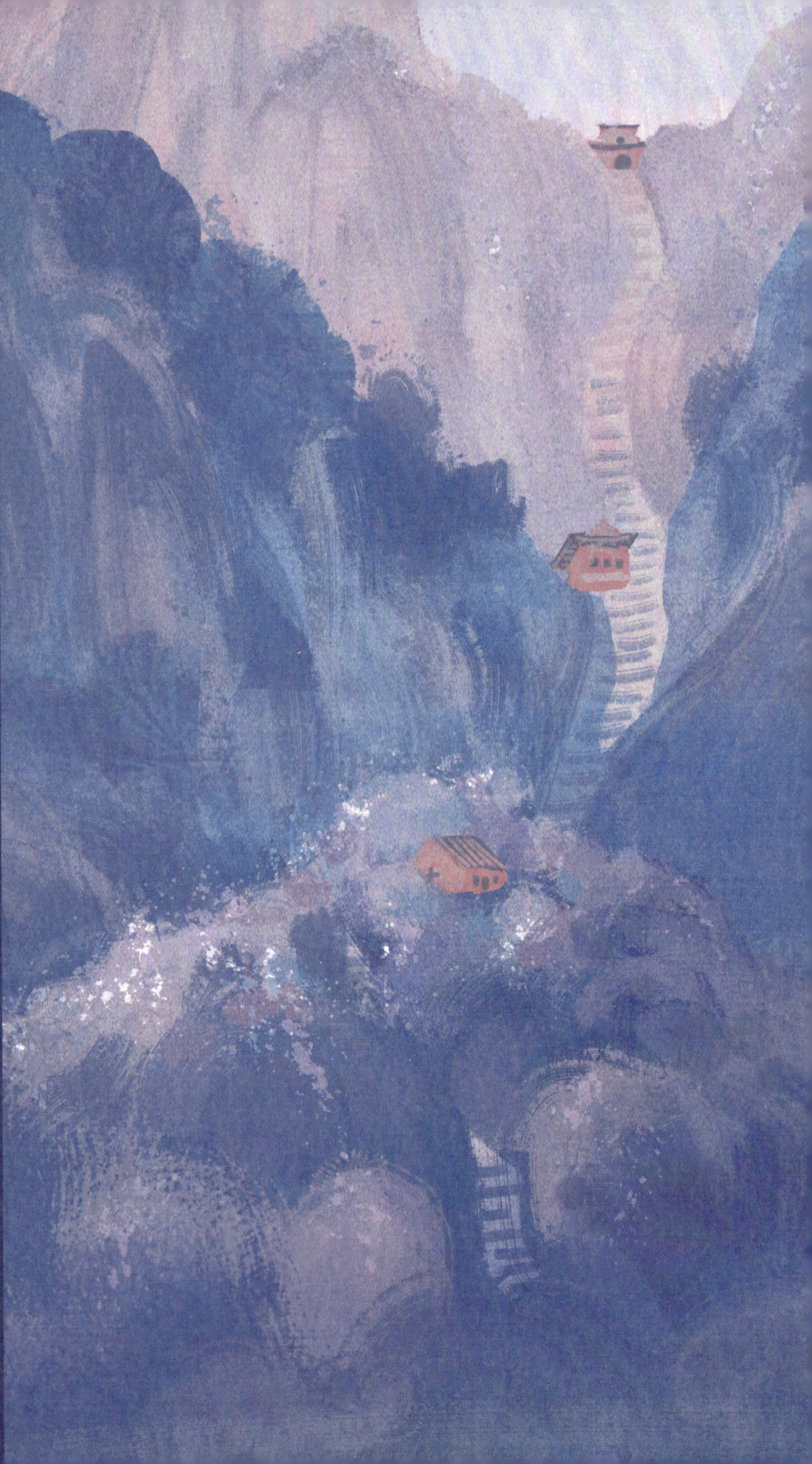

课本里的山东

岁末年初，北方的寒风肆无忌惮地在耳边呼啸，似乎能掠去人们身上的每一分温暖，时而漫天大雪，大地银装素裹。聆听着雪落下的声音，却让人不由得贪恋起课本中济南响晴的冬日好风景。"济南的冬天是没有风声的……济南的冬天是响晴的。自然，在热带的地方，日光是永远那么毒，响亮的天气反有点儿叫人害怕。可是，在北中国的冬天，而能有温晴的天气，济南真得算个宝地。"（《济南的冬天》，部编版语文七年级上册）寥寥数笔，老舍便让中国学生从小明白了"上帝把夏天的艺术赐给瑞士，把春天的赐给西湖，秋和冬的全赐给了济南"的道理，足不出户便能感悟到山东的瑰丽。

课本里的中国

　　山东地处黄河下游，西为华北平原，北接燕赵大地，南邻鱼米之乡，东部半岛伸入黄海、渤海，北隔渤海海峡与辽东半岛相对、拱卫京畿，地理位置十分重要。从平均海拔不到10米的黄河三角洲，到山东之巅泰山，高低起伏的地貌特征让山东的山水林田湖草等自然禀赋得天独厚。作为中华传统文化的发源地，山东诞生了孔子、孟子、王羲之、李清照、辛弃疾等一大批古代伟大的思想家、书法家和文学家，孕育了山东人忠诚守信、勤劳勇敢、务实苦干、开放创新的精神。为何山东多彩的自然风光和厚重的人文精神能被人称道、口耳相传呢？翻开中小学语文课本，或许你就可以找到答案。

　　"智者乐水，仁者乐山"，千百年来，齐鲁大地的山川湖海向来都备受古今文人墨客的喜爱和赞美。在课本里，泰山雄奇俊秀，"岱宗夫如何？齐鲁青未了。造化钟神秀，阴阳割昏晓。荡胸生曾云，决眦入归鸟。会当凌绝顶，一览众山小。"（《望岳》，部编版语文七年级下册）诗圣杜甫在漫游"五岳之首"泰山时，惊叹于泰山雄伟磅礴、神奇秀美的气象，也抒发了自己不怕困难、勇于攀登、俯视一切的雄心和气概。"从泰山回来，我画了一幅画——在陡直的似乎没有尽头的山道上，一个穿红背心的挑山工给肩头的重物压弯了腰，他一步一步地向上登攀。这幅画一直挂在我的书桌前，多年来不曾换掉，因为我需要它。"（《挑山工》，北师大版语文四年级下册）在冯骥才笔下，雄伟的泰山更是代表了一种珍贵的精神力量，泰山上挑山工们不懈地

泰山

朝着一个目标努力的坚韧精神成为激励他不断前行的动力。

相比起山的巍峨，在课本里，山东的水便显得灵动许多。"说到济南，自然会想到济南的七十二泉……济南的泉水天下闻名，所以人们称济南为'泉城'。"（《泉城》，苏教版语文四年级上册）名列七十二泉之首的趵突泉，"永远那么纯洁，永远那么活泼，永远那么鲜明，冒，冒，冒，好像永远不感到疲乏，只有自然有这样的力量！"（《趵突泉》，人教版语文四年级下册）老舍笔下的趵突泉处处充满生机，泉水清浅鲜洁，大泉日夜翻滚，小泉姿态优美，景致十分动人。

烟台的海则另有一番滋味，"夏天，来自南太平洋的风使许多南面临海的城市感到湿漉漉的，而这股带着潮气的风经过胶东半岛崇山峻岭的阻拦、过滤，到达北面临海的烟台时，只剩下凉爽和惬意。因此，夏日烟台的海常常水平如镜，宛如一个恬静、温柔的少女。"（《烟台的海》，苏教版语文六年级下册）作者用生动细腻的笔触，将海水比喻成孩子、少女、狮子等，描绘了烟台海水春日的轻盈、夏日的浪漫、秋天的充实、冬日的凝重，使烟台成为人们心神向往之地。然而，对于气象学家、地理学家竺可桢来说，济南和烟台还是有不小的差别："又如济南苹果开花在四月中或谷雨节，烟台要到立夏。两地纬度相差无几，但烟台靠海，春天便来得迟了。"（《大自然的语言》，部编版语文八年级下册）

所谓地灵人杰，在课本里，山东的秀丽山川让文人墨客们流连忘返，山东诞生的杰出人物所氤氲的人文精神，更是绵延千秋。

"舜发于畎亩之中……管夷吾举于士……故天将降大任于是人也，必先苦其心志，劳其筋骨，饿其体肤，空乏其身，行拂乱其所为，所以动心忍性，曾益其所不能。"（《生于忧患，死于安乐》，部编版语文八年级上册）2000多年前，孟子便以六位古代圣贤在困难忧患中崛起的事例，告诉世人"生于忧患而死于安乐"的哲学道理。其中，在济南历山耕田最终成为尧的继承人的大舜，和从监牢中释放出来成为齐国宰相的管仲，他们于困境中奋发的精神，都在齐鲁文化中熠熠生辉。

在课本里，孔子年轻时，不远千里去洛阳拜师，说"学习是没有止境的。您的学问渊博，跟您学习，一定会大有长进的"（《孔子拜师》，人教版语文三年级上册）时谦虚好学的态度；曹植被贬海边，看到"剧哉边海民，寄身于草野"（《梁甫行》，部编版语文八年级上册）时慷慨激愤的感叹；武松吃了十八碗酒后，在景阳冈遇到猛虎"用左手紧紧地揪住大虫的顶花皮，空出右手来，提起铁锤般大小的拳头，使尽平生气力只顾打"（《景阳冈》，人教版语文五年级下册）时豪气冲天的精神；抑或是吴伯箫在描述家乡的灯笼"最壮的是塞外点兵，吹角连营，夜深星阑时候，将军在挑灯看剑……你听，正萧萧班马鸣也，我愿就是那灯笼下的马前卒"（《灯笼》，部编版语文八年级下册）时家国情怀的赤诚，都令人感动、让人敬佩。

课本里的中国

这些课本里山东的前贤，不管"居庙堂之高"还是"处江湖之远"，都传递出了忠诚守信、勤劳勇敢、务实苦干、开放创新的精神，永远留在后人心中。

"胜日寻芳泗水滨，无边光景一时新。等闲识得东风面，万紫千红总是春。"（《春日》，人教版语文三年级下册）正如朱熹诗中所言，千百年来山东以其"无边光景"在我们的文化记忆中闪烁着耀眼的光芒，而如今的山东，正乘着新时代的春风，书写着万紫千红的新篇章。

文/赵秋丽 冯 帆

2019 年 10 月 6 日

课本里的河南

河南因大部分地区位于黄河以南,故称河南。太行山、伏牛山、桐柏山、大别山,沿省界自北向西南呈半环形分布。山水绝佳,人杰地灵。许多名人长于斯,或游于斯,描绘出壮阔的历史画卷,留下了不朽的诗文和事迹,在中小学语文课本中都可以找到他们的足迹,滋养着一代又一代莘莘学子。

"提起龙，中国人莫不引以为自豪，有时还自称为'龙的传人'。"(《龙的传人》，北师大版语文五年级下册)"在河南省濮阳市博物馆里，陈列着一条用贝壳砌成的龙……它是从当地一座五千年前原始社会的墓葬中发掘出来的，考古学家称它为'中华第一龙'。'中华第一龙'说明中华民族在形成初期，就把龙作为自己的图腾。"(《中华第一龙》，人教版语文六年级下册)

课本里的河南，传承着先民与大自然搏击抗争中催生的伟大人文精神。"太行、王屋二山，方七百里，高万仞，本在冀州之南，河阳之北……虽我之死，有子存焉。子又生孙，孙又生子；子又有子，子又有孙；子子孙孙无穷匮也，而山不加增，何苦而不平？"(《愚公移山》，部编版语文八年级上册)发源于河南省济源市的愚公移山故事代代相传，而历久弥新的愚公移山精神，千百年来始终是中华民族奋发图强、攻坚克难的无穷动力源泉。

课本里的河南，反映出先秦时期古人凛然不可侵犯的人格和不畏强暴敢于斗争的精神。战国时，蔺相如随从赵惠文王与秦昭王会于渑池(今河南渑池西)，"五步之内，相如请得以颈血溅大王矣！"(《廉颇蔺相如列传》，人教版高中语文必修四)面对秦王的欺辱，他有理有节、有勇有谋，使得"秦王竟酒，终不能加胜于赵"。同样不辱使命的还有小国安陵国(今河南鄢陵西北)的使臣唐雎，面对恃强凌弱、妄图吞并安陵国的秦王，他敢于"挺剑而起"，冒死抗争，终于使得"秦王色挠，长跪而谢之"。

(《唐雎不辱使命》，人教版语文九年级上册)

课本里的河南，记述着巾帼不让须眉的传奇故事。"唧唧复唧唧，木兰当户织。不闻机杼声，唯闻女叹息……阿爷无大儿，木兰无长兄，愿为市鞍马，从此替爷征。"(《木兰诗》，部编版语文七年级下册)南北朝时期女扮男装、代父从军的花木兰，是中原乃至中华女性的杰出代表。花木兰故里，位于河南省商丘市虞城县。

洛阳、南阳、开封……河南拥有众多的历史文化名城，这些名城在语文课本里都有别样的呈现，在历史的长河中熠熠生辉。

洛阳，在唐诗名篇中被反复吟咏。"谁家玉笛暗飞声，散入春风满洛城。此夜曲中闻折柳，何人不起故园情。"(《春夜洛城闻笛》，部编版语文七年级下册)旷达的诗仙李白，也有细腻而忧郁的一面。相较而言，同为唐代诗人的王湾，其旅思之作则节奏明快："客路青山外，行舟绿水前。潮平两岸阔，风正一帆悬。海日生残夜，江春入旧年。乡书何处达？归雁洛阳边。"(《次北固山下》，部编版语文七年级上册)"洛阳亲友如相问，一片冰心在玉壶。"(《芙蓉楼送辛渐》，人教版语文六年级下册)王昌龄这首触景生情的离别诗，传递着一份真挚的亲情，今天读来依然令人心动眼湿。诗圣杜甫生于河南巩义，致使唐朝由盛转衰的"安史之乱"，在他的笔下也有生动描述。"即从巴峡穿巫峡，便下襄阳向洛阳。"(《闻官军收河南河北》，人教版语

寒雨连江夜入吴
平明送客楚山孤
洛阳亲友如相问
一片冰心在玉壶

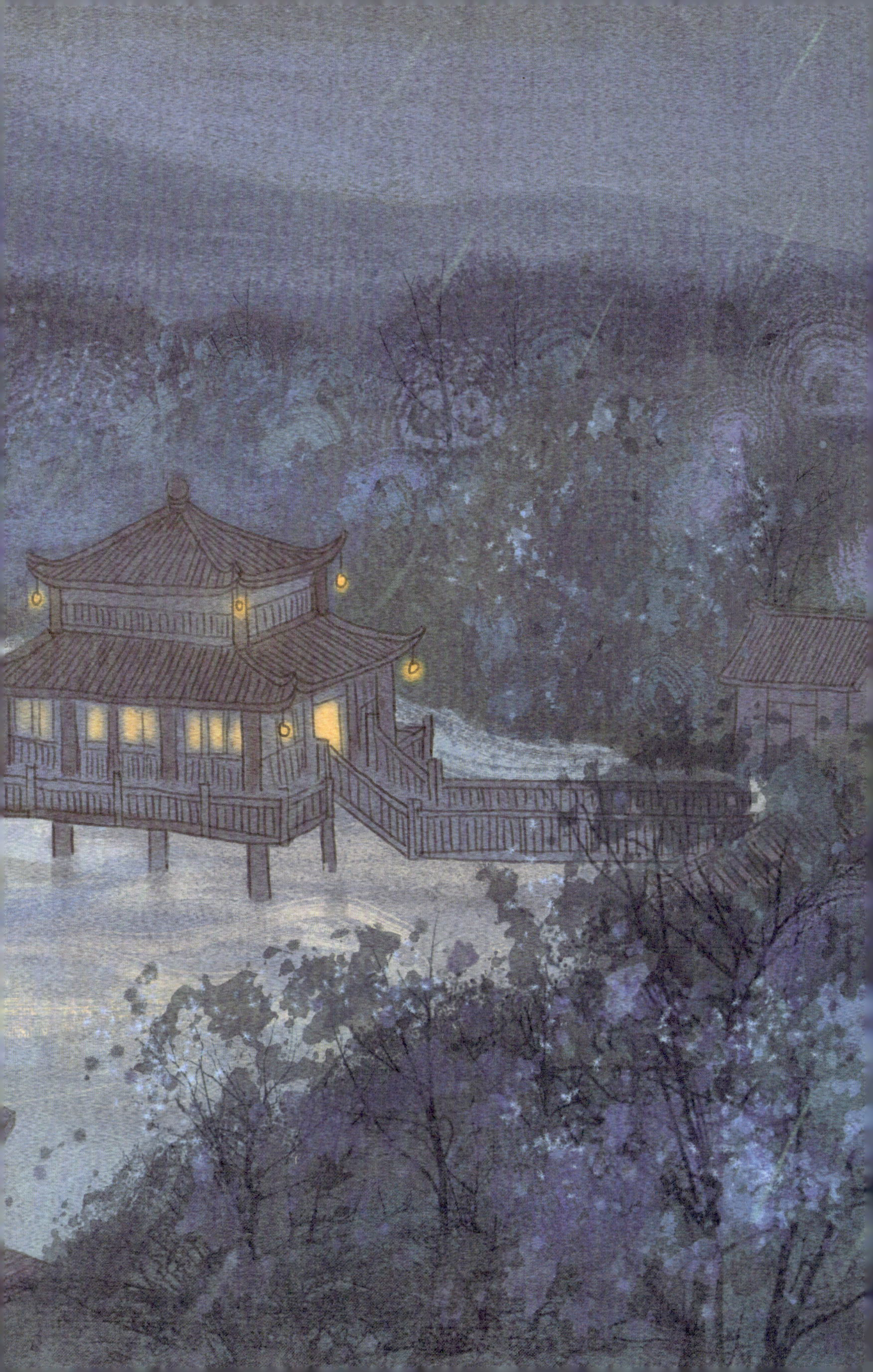

文六年级下册）唐军收复失地的军事胜利给诗人带来的振奋和欢悦，幻化成诗歌长河里一朵激情的浪花，在语文课本里静静地讲述。

南阳，刘秀起兵于此建立了东汉，实现了"光武中兴"。在毛泽东主席亲笔撰写的一篇新闻稿里，对南阳的历史有过简要的描述："南阳为古宛县，三国时曹操与张绣曾于此城发生争夺战。后汉光武帝刘秀，曾于此地起兵。"（《中原我军解放南阳》，人教版语文八年级上册）"臣本布衣，躬耕于南阳"（《出师表》，人教版语文九年级上册），三国时期杰出的政治家诸葛亮曾隐居在南阳，在乡野草庐中耕读时，他却以天下为己任，胸怀经国济世的宏伟理想，也赢得了后世文豪刘禹锡的赞叹："南阳诸葛庐，西蜀子云亭。孔子云：何陋之有？"（《陋室铭》，部编版语文七年级下册）

开封，在北宋时期是一座经济文化繁盛的国际大都市。"北宋时期，商业手工业迅速发展，城市布局打破了坊与市的严格界限，出现空前的繁荣局面。北宋汴梁商业繁盛，除贵族聚集外，还住有大量的商人、手工业者和市民，城市的文化生活也十分活跃……作品描绘了京城汴梁从城郊、汴河到城内街市的繁华景象。"（《梦回繁华》，部编版语文八年级上册）千年之前，被称作汴梁的开封作为北宋都城，其繁华的市井风情，在张择端的绘画杰作《清明上河图》中精彩呈现。

课本里的河南，还充溢着为国为民的大爱情怀。河南省兰考县原县委书记焦裕禄同志,心系群众疾苦,是党员干部践行群众路线、为民爱民的典范。"1963年冬天的一个下午,焦裕禄和通讯员骑自行车从农村回到县城后,来到张振祥师傅的理发店理发。""焦裕禄边看报纸边等,一直等到轮到他的时候才理。理完发后付过钱要走时,焦裕禄却找不到自行车钥匙了。无奈,焦裕禄只好扶着车把,让通讯员提着车的支架走了……大约过了一个小时,通讯员气喘吁吁地跑过来对他说:'焦书记让我来告诉你们,他的车钥匙找见了!'张师傅松了口气忙问:'在哪找见的?'通讯员说:'在棉裤腿里。'人们笑着问:'怎么会在棉裤腿里?'通讯员说:'焦书记穿的是补丁衣裤,钥匙从棉裤兜的破洞里掉下去了。'听到这里,大家的眼睛不由得湿润了……"(《焦裕禄的车钥匙》,教科版语文二年级上册)这个朴实无华的小故事,真实地反映出焦裕禄和群众打成一片的优秀品质与艰苦朴素的作风。

课本里的河南,是五彩斑斓、无比出彩的。作为"华夏历史文明传承创新区",拥有厚重文化底蕴的河南在文化上自信满满。围绕在实现中国梦的伟大征程中如何"让中原更加出彩"这个时代之问,新时代的河南,必将交出一份优秀的答卷,在未来的课本中,留下中原大地浓墨重彩的新篇章。

文/王胜昔 郝永飞
2018年12月23日

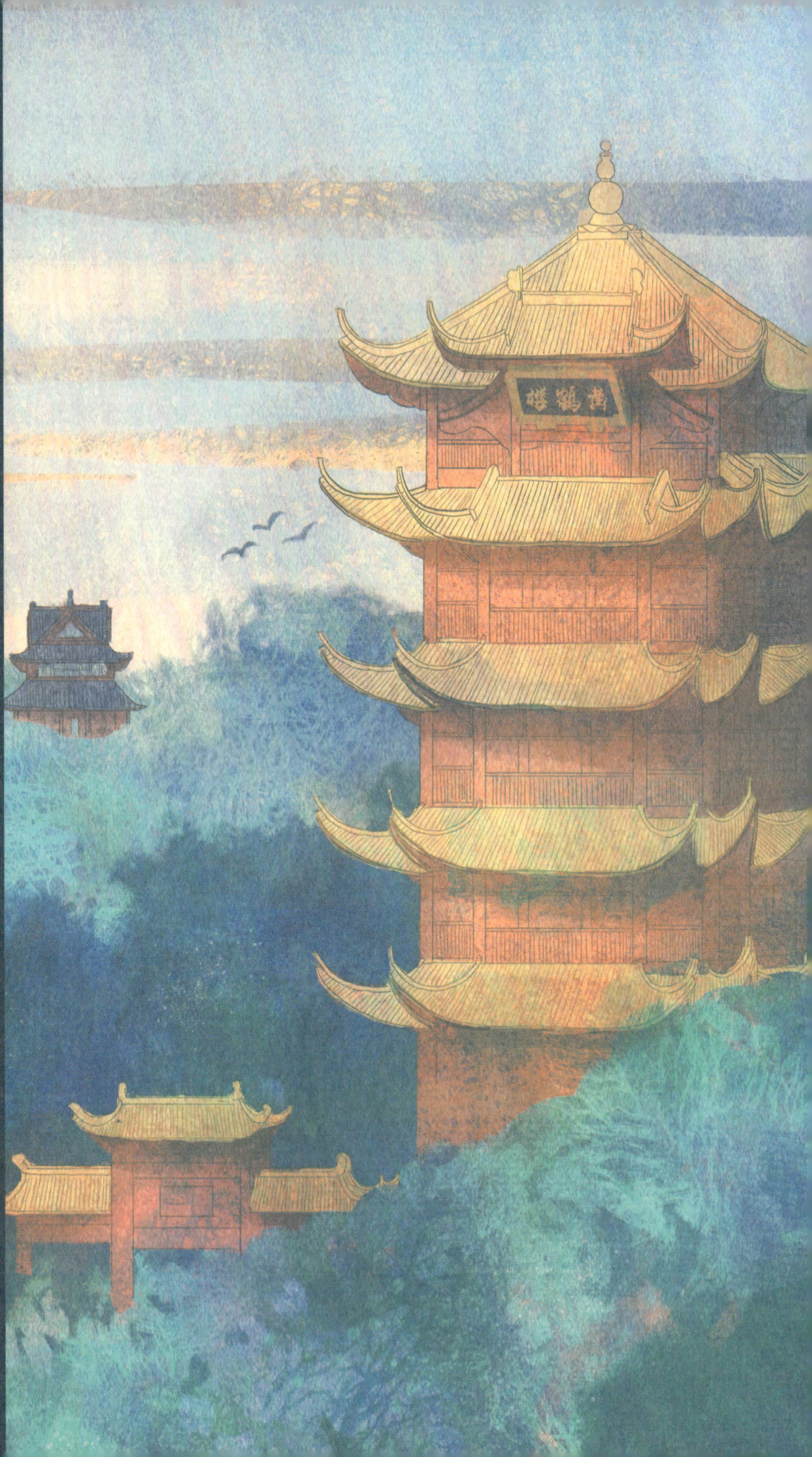
黄鹤楼

课本里的湖北

"孤帆远影碧空尽，唯见长江天际流。"

或许是湖北拥有最长的长江岸线的缘故，语文课本里的湖北，出现频次最高的景象是长江。在这个场域里，数千年来，有人遍览山川形胜，感叹大自然奇伟瑰怪；有人触景生情睹物思人，咂摸人生况味；有人登临胜迹咏史怀古，直抒体国经野的胸臆……

"巴东三峡巫峡长，猿鸣三声泪沾裳。"北魏地理学家郦道元实地踏勘，"自三峡七百里中，两岸连山，略无阙处。重岩叠嶂，隐天蔽日，自非亭午夜分，不见曦月……春冬之时，则素湍绿潭，回清倒影，绝𪩘多生怪柏，悬泉瀑布，飞漱其间，清荣峻茂，良多趣味。"（《三峡》，部编版语文八年级上册）

时光飞越千年，当作家方纪跟随又一拨长江三峡地质勘查队在长江中上游工作采访时，"时令已经是秋天了。三峡的秋色，是从大江两岸的橘柚树开始显现的"，中秋时节的三峡，"充满了成熟的秋天的气息""又是一片秋天的明丽""又充满了秋天的热烈气息"。（《三峡之秋》，北师大版语文六年级上册）

如今的三峡大坝，早已同自然山水一道，成为长江的形胜之地。恰如当年毛泽东同志所畅想，"更立西江石壁，截断巫山云雨，高峡出平湖"。

与郦道元、方纪见到长江的感悟不同，唐代崔颢看到孤耸的黄鹤楼、烟波浩渺的长江，则心生思乡之情，吟出了被奉为"唐人七言律诗第一"的《黄鹤楼》(部编版语文八年级上册)："昔人已乘黄鹤去，此地空余黄鹤楼。黄鹤一去不复返，白云千载空悠悠。晴川历历汉阳树，芳草萋萋鹦鹉洲。日暮乡关何处是？烟波江上使人愁。"

被孤寂和思乡侵扰的不止崔颢，还有感叹"眼前有景道不得，崔颢题诗在上头"的李白。"故人西辞黄鹤楼，烟花三月下扬州。孤帆远影碧空尽，唯见长江天际流。"（《黄鹤楼送孟浩然之广陵》，人教版语文四年级上册）不光是在黄鹤楼，逆旅之中的李白，在长江边荆门山下也表露心迹。"渡远荆门外，来从楚国游。山随平野尽，江入大荒流。月下飞天镜，云生结海楼。仍怜故乡水，万里送行舟。"（《渡荆门送别》，部编版语文八年级上册）

在长江支流汉江上，唐人宋之问用短短20字——"岭外音书断，经冬复历春。近乡情更怯，不敢问来人。"（《渡汉江》，北师大版语文九年级下册）描画了一个久别家乡的游子归乡之际的激动而又畏怯的心理。

滔滔江水引发万千思绪。有人怀乡，有人则感叹人生之短暂。

但宋代文豪苏轼却有着不同的理解。"客亦知夫水与月乎？逝者如斯，而未尝往也；盈虚者如彼，而卒莫消长也。盖将自其变者而观之，则天地曾不能以一瞬；自其不变者而观之，则物与我皆无尽也，而又何羡乎！"（《赤壁赋》，人教版高中语文必修二）苏轼对"变"的体悟，与古希腊哲学家赫拉克利特"人不能两次踏进同一条河流"的哲思相映成趣。

古语说，"运用之妙，存乎一心"。心境不同，感悟便不同。

被贬黄州（今湖北黄冈）的苏轼，出游途中遇到雨，却没有雨具，同行伙伴皆狼狈，他却不觉得。"莫听穿林打叶声，何妨吟啸且徐行。竹杖芒鞋轻胜马，谁怕？一蓑烟雨任平生。料峭春风吹酒醒，微冷，山头斜照却相迎。回首向来萧瑟处，归去，也无风雨也无晴。"(《定风波》，人教版高中语文必修四）此刻的苏轼，或许是处于任尔东西南北风，我自岿然不动的放达透亮心境中。

恰如被疏远、放逐的楚人屈原，面对家国破碎的动荡时局，却不能扶大厦于将倾，只能"长太息以掩涕兮，哀民生之多艰"（《离骚》，人教版高中语文必修二），空留下卓绝一世的逸响伟辞，苏轼在长江之畔思考的，也不止于个人的升降荣辱，更有"吾国与吾民"。

"大江东去，浪淘尽，千古风流人物。故垒西边，人道是，三国周郎赤壁。乱石穿空，惊涛拍岸，卷起千堆雪。江山如画，一时多少豪杰……故国神游，多情应笑我，早生华发。人生如梦，一尊还酹江月。"（《念奴娇·赤壁怀古》，人教版高中语文必修四）被贬谪在外的苏轼，置身三国古战场，也希望同周瑜一样，建功立业，大展宏图。

比苏轼早200余年的唐人杜牧也曾感慨时势，借以抒发怀才不遇壮志难酬的愤懑。"折戟沉沙铁未销，自将磨洗认前朝。东风不与周郎便，铜雀春深锁二乔。"（《赤壁》，部编版语文八年级上册）

赤壁，见证着楼船铁马，见证着兴亡更替。从楚王问鼎中原，到昭君出嫁匈奴，到武昌城头的枪声，再到红安将军县……物阜天华的荆楚大地，始终诉说着家国天下的故事。

东汉末年，群雄并起，生民涂炭。作为"帝室之胄，信义

黄鶴楼

著于四海"的刘备,"访孔明两次不遇,欲再往访之"(《三顾茅庐》,部编版语文九年级上册)。他最终以三顾茅庐的求才诚意、拱立阶下的容才雅量,赢得了诸葛亮的"鞠躬尽瘁,死而后已"。诸葛亮在为刘备筹谋三分天下、恢复汉室之策时说,"荆州北据汉、沔,利尽南海,东连吴会,西通巴、蜀,此用武之地……若跨有荆、益,保其岩阻,西和诸戎,南抚彝、越,外结孙权,内修政理;待天下有变,则命一上将将荆州之兵以向宛、洛,将军身率益州之众以出秦川,百姓有不箪食壶浆以迎将军者乎?诚如是,则大业可成,汉室可兴矣"(《三顾茅庐》,部编版语文九年级上册)。

在语文课本中,在荆楚大地上,千百年来,人们领略着江山胜景,心系着江山社稷,勠力于经邦济世。在课本之外,荆楚大地的新时代画卷正在铺展开来。

文/夏 静 张 锐
2019年4月7日

课本里的湖南

湖南居洞庭湖之南，故称"湖南"，因省内最大河流湘江流贯南北而简称"湘"，也称"潇湘""三湘四水"。湖南人杰地灵，是一个充满魅力和活力的地方，也是一个充满着瑰丽想象和独特气节的文明之地。

"不到潇湘岂有诗"屈原、范仲淹、柳宗元……他们笔下的湖南风景和故事里，既有三湘四水的灵动多彩，也孕育着激越冲突的文化思想，"心忧天下，敢为人先"的情怀和精神一以贯之。

"长太息以掩涕兮，哀民生之多艰……亦余心之所善兮，虽九死其犹未悔。"(《离骚》，人教版高中语文必修二)《离骚》是千古传世名作。古有司马迁，近有郭沫若，断定《离骚》是屈原流放沅湘时期的作品。湖南汨罗是屈原晚年居住、写作和投江殉节之地。汨罗江两岸粉墙村舍，桃红柳绿，民风淳朴，水草丰美，具有典型的江南水乡风貌。迄今为止，每逢农历五月初五，汨罗江畔的百姓总要举行盛大的龙舟竞赛活动，以纪念伟大的爱国主义诗人屈原。以《楚辞》为标志的浪漫主义文学传统的确立，让这个被誉为屈、贾之乡的灵秀之地多了文学豪情和文化担当。

"予观夫巴陵胜状，在洞庭一湖。衔远山，吞长江，浩浩汤汤，横无际涯，朝晖夕阴，气象万千，此则岳阳楼之大观也，前人之述备矣。"(《岳阳楼记》，部编版语文九年级上册)耳熟能详的《岳阳楼记》，出自北宋文学家范仲淹，"不以物喜，不以己悲""先天下之忧而忧，后天下之乐而乐"等传世名句皆出于此。

岳阳楼位于湖南岳阳古城西门城墙之上，下瞰洞庭，前望君山，自古有"洞庭天下水，岳阳天下楼"之美誉，也是三大名楼中唯一保持原貌的古建筑。《岳阳楼记》将山水楼观的意境，与自然界的晦明变化、风雨阴晴和迁客骚人的览物之情结合起来写，纵议政治理想，抒发自己的济世情怀和乐观精神，让岳阳楼蕴含了中国传统知识分子忧国忧民的情怀，因而在千年来

岳阳楼

成为一个家喻户晓的地方。

唐代诗人杜甫也曾登上岳阳楼。"昔闻洞庭水，今上岳阳楼。吴楚东南坼，乾坤日夜浮。亲朋无一字，老病有孤舟。戎马关山北，凭轩涕泗流。"（《登岳阳楼》，部编版高中语文必修下册）杜甫创作于公元768年的这首五律，是一首即景抒情之作。诗人在作品中描绘了岳阳楼的壮观景象，反映了自己晚年生活的不幸，抒发了忧国忧民的情怀。全诗表现了杜甫得偿多年夙愿，既登楼赏美景，同时又牵挂着祖国，百感交集。

"从小丘西行百二十步，隔篁竹，闻水声，如鸣珮环，心乐之。伐竹取道，下见小潭，水尤清冽……"（《小石潭记》，部编版语文八年级下册）《小石潭记》记叙了作者游玩小石潭的整个过程。小石潭所在地就是湖南永州。永州，别称"竹城"，是柳宗元、欧阳修、陆游、徐霞客笔下描绘过的神奇地方。其中柳宗元留下了著名的《永州八记》，其第一篇《捕蛇者说》开篇就是"永州之野产异蛇"。文章笔锋犀利、文情并茂，传递出作者叹民生之多艰的忧伤凄苦的感情。

感世途多舛，却不放弃对理想社会的探寻，陶渊明的《桃花源记》就提供了这样一个理想与现实的联结。

"晋太元中，武陵人捕鱼为业。缘溪行，忘路之远近。忽逢桃花林，夹岸数百步，中无杂树，芳草鲜美，落英缤纷。渔人甚异之，复前行，欲穷其林。"（《桃花源记》，部编版语文八年级下册）此文描绘的是一个似有若无的仙境，是一个理想中的社会。一种较为普遍的说法认为，按照文中描述，桃花源位于武陵。武陵为郡名，治所在义陵（今湖南溆浦），东汉移治临沅，即今湖南常德。

在中华文化的宏大格局中，湖湘文化有着独特的风貌和风骨。经过先秦湘楚文化的孕育、宋明中原文化的洗礼之后，"惟楚有材，于斯为盛"成为湖湘文化最好的注脚，至近现代，更呈磅礴之势，是红色文化中极绚丽的篇章。

"独立寒秋，湘江北去，橘子洲头。看万山红遍，层林尽染；漫江碧透，百舸争流。鹰击长空，鱼翔浅底，万类霜天竞自由。怅寥廓，问苍茫大地，谁主沉浮？携来百侣曾游，忆往昔峥嵘岁月稠。恰同学少年，风华正茂；书生意气，挥斥方遒。指点江山，激扬文字，粪土当年万户侯。曾记否，到中流击水，浪遏飞舟？"（《沁园春·长沙》，部编版高中语文必修上册）1925年晚秋，32岁的毛泽东离开故乡湖南韶山，去广州主持农民运动讲习所。毛泽东途经长沙，重游橘子洲，感慨万千，写下这首《沁园春·长沙》。通过对长沙秋景的描绘和对青年时代革命斗争生活的回忆，抒写出革命青年对国家命运的感慨和以天下为己任，蔑视反动统治者，改造旧中国的豪情壮志。

文／龙　军
2018年10月28日

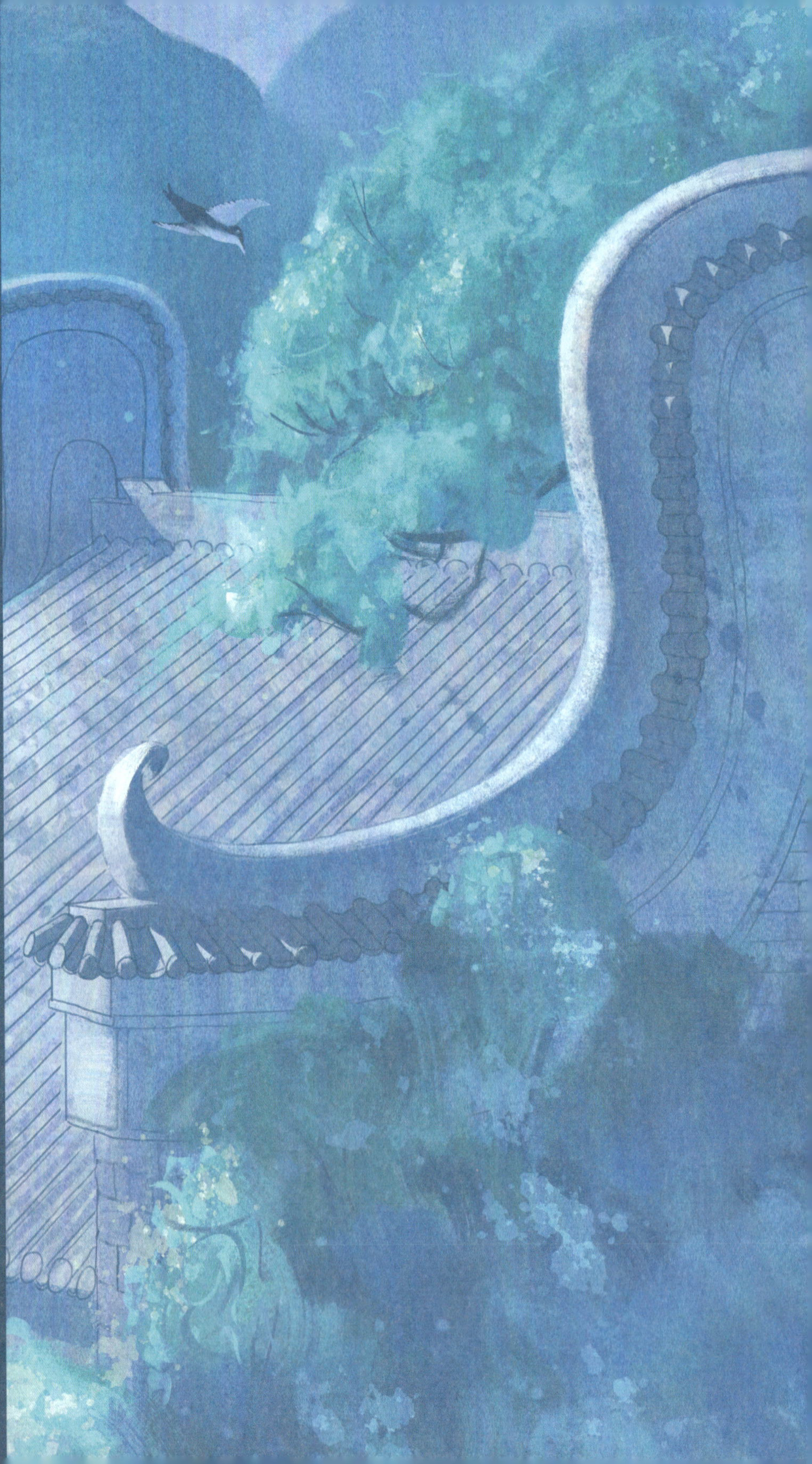

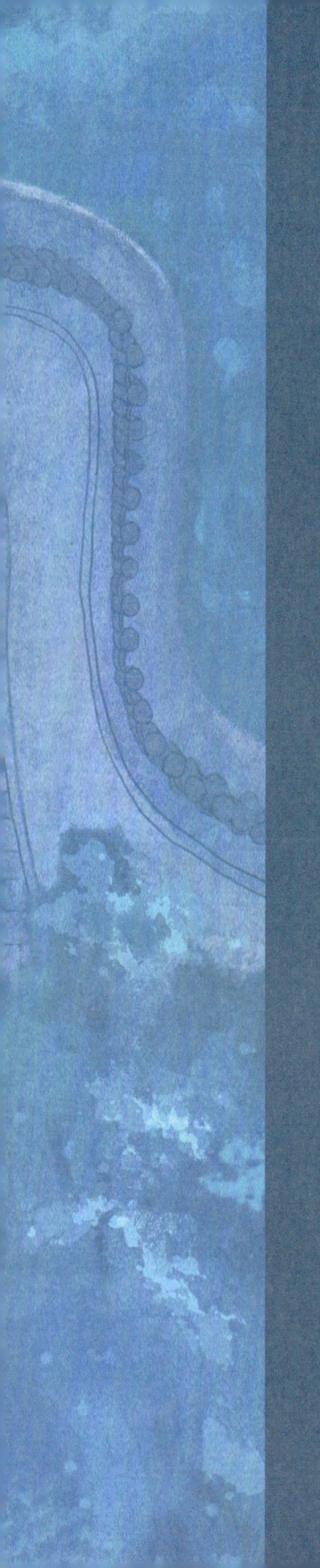

课本里的广东

她从"罗浮山下四时春,卢橘杨梅次第新"中迤逦而来,她有陈寅恪眼中"岭树高楼影动摇,天风吹海海初潮"的美丽风姿,她有陈独秀笔下"曾记盈盈秋水阔,好花开满荔枝湾"的娟丽秀气,也有"神话般地崛起座座城,奇迹般地聚起座座金山"的磅礴气势,在"春天的故事"中写下浓墨重彩的一笔。她就是广东。

广东的风景别有洞天,广东的历史波澜壮阔。翻开语文课本,映入眼帘的是居岭南四大名山之首的鼎湖山。

"江轮夹着细雨,送我到肇庆。冒雨游了一遭七星岩,走得匆匆,看得蒙蒙。赶到鼎湖山时,已近黄昏……白日里浑然一片的泉鸣,此时却能分出许多层次:那柔曼如提琴者,是草丛中淌过的小溪;那清脆如弹拨者,是石缝间漏下的滴泉;那厚重如倍司轰响者,应为万道细流汇于空谷;那雄浑如铜管齐鸣者,定是激流直下陡壁,飞瀑落下深潭。"(《鼎湖山听泉》,苏教版语文九年级上册)

鼎湖山位于广东省肇庆市东北部,是珠江三角洲地区的最高峰。生意盎然,朝气蓬勃,鼎湖山的每根血管、每条神经都流动着美的韵味,山中清泉或轻或缓,或高或低,汇聚成一支支交响乐,在耳边奏响,令人回味无穷,浮想联翩,心驰神往。置身其中,仿佛心灵得到净化,心中了然无尘。

即使是在中国尚处于动荡的年代中,巴金笔下的广东,也是远离战火的一方乐土,一派祥和宁静。

"这美丽的南国的树!船在树下泊了片刻。岸上很湿,我们没有上去。朋友说这里是'鸟的天堂',有许多鸟在这树上做巢,农民不许人去捉它们……我们把手一拍,便看见一只大鸟飞了起来。接着又看见第二只,第三只。我们继续拍掌,树上就变得热闹了,到处都是鸟声,到处都是鸟影。大的,小的,花的,黑的,有的站在树枝上叫,有的飞起来,有的在扑翅膀。"(《鸟

的天堂》，人教版语文四年级上册）

鸟儿嬉戏欢腾，榕树肆意生长，南国的初夏水乡是夕照、青山、塔影、波光、田畴和朝暾，是一曲宁静而又生机勃勃的田园牧歌。

除了青山绿水，广东也接受来自大海的馈赠，阳光、帆船，咸咸的海风夹杂着一朵朵浪花扑面而来，那是人们对于大海的神秘向往。

"我的家乡在广东，是一座海滨小城。人们走到街道尽头，就可以看见浩瀚的大海……早晨，机帆船、军舰、海鸥、云朵，都被朝阳镀上了一层金黄色。帆船上的渔民，军舰上的战士，他们的脸和胳臂上也镀上了一层金黄色。"（《海滨小城》，部编版语文三年级上册）

春日的广东，是载着南国初春的气息和群众美好向往的一朵朵鲜花；夏时的广东，是河网纵横交错，花香百里荷塘的番禺水乡，绿荷红莲，映衬着采莲女们的青春脸庞；秋日的广东，是艺人手中一盏盏美轮美奂的中秋花灯；冬日，在茶楼里点上一桌丰盛的早茶，全家老小围坐一起，共享天伦之乐。

"日啖荔枝三百颗，不辞长作岭南人。"说起广东丰富的物产，人们就会想起苏东坡的千古名句。广东荔枝栽培种植历史悠久，优越地理环境和气候条件孕育了品质优良的荔枝，"中国荔枝第一产区"的美誉当之无愧。

"成熟的荔枝，大多数是深红色或紫色。长在树头，当然看不清它壳面的构造，只有红色映入眼帘，因而说它是'绛囊'、'红星'、'珊瑚珠'……据记载，南越王尉陀曾向汉高祖进贡荔枝，足见当时广东已有荔枝。它的栽培历史，就从那个时候算起，也已在2000年以上。"（《南州六月荔枝丹》，苏教版高中语文必修五）

千百年来，无数文人墨客都为荔枝"折腰"。荔枝是白居易《荔枝图序》里的"壳如红缯，膜如紫绡，瓤肉莹白如冰雪，浆液甘酸如醴酪"。当唐代驿官背负着荔枝到来之时，长安的城门依次打开，诗人杜牧形象地描绘了杨贵妃迎接来自千里之外的珍馐的情形："一骑红尘妃子笑，无人知是荔枝来。"

"情如荔蜜甜，心比荔枝果核更细致，荔枝花开香万里，荔枝，听我来为荔枝唱颂词。卖荔枝！"粤剧宗师红线女用独具广东特色的粤剧表演艺术，将《荔枝颂》深情地唱出，真可谓甜蜜脆生。广东人对荔枝那份自豪与赞赏，尽在这一腔一板之中。

翻阅广东，不仅有岭南地区独特的风景与物产，更有反抗侵略、改革奋进的波澜壮阔的历史。

"随着林则徐一声令下，震惊中外的虎门销烟开始了。只见一群群光着脊梁、赤着双脚的民工，先向灌了水的销烟池里撒下盐巴，再把收缴来的鸦片抛入池内，然后又把一担担生石灰倒下去。顿时，销烟池里像开了锅一样，'咕嘟咕嘟'直冒泡，散发出股股难闻的气味。"（《虎门销烟》，苏教版语文四年级上册）

销烟持续23天，200多万斤鸦片随潮水卷进了咆哮的大海

岭南古镇

中。这一伟大壮举,向全世界表明中国人民不可欺侮!虎门销烟的烟气仍未消散,潮水静静拍打着岸边,似言往日滚滚烟尘。

"然是役也,碧血横飞,浩气四塞,草木为之含悲,风云因而变色,全国久蛰之人心,乃大兴奋,怨愤所积,如怒涛排壑,不可遏抑,不半载而武昌之大革命以成,则斯役之价值,直可惊天地、泣鬼神,与武昌革命之役并寿。"(《黄花岗烈士事略(序)》,苏教版高中语文必修四)

"枪声惊破五羊城,英雄无惧挥宝剑。"1911年4月27日下午,革命家黄兴连开三枪,黄花岗起义爆发!"吾今以此书与汝永别矣……亦以天下人为念,当亦乐牺牲吾身与汝身之福利,为天下人谋永福也。"革命烈士林觉民在起义的前夕写下《与妻书》,对爱妻的真情、无所畏惧的革命者的气度风范和精神,至今依然令人动容,催人泪下。

历史的车轮,并没有湮灭虎门销烟和黄花岗起义的精气神。大潮起珠江,春风绿南粤。改革先行者们以"敢为天下先"的勇气担当、革命精神,推动广东成为改革开放的排头兵、先行地、实验区。40年来,广东务实进取,开创了很多全国第一,创造了令人瞩目的"广东奇迹"。站在新的历史起点上,广东将以更加昂扬的姿态,抒写新时代的光辉篇章。

文/吴春燕 黄 舟
2019年2月24日

课本里的广西

这里的山歌如海如潮,这里的山水如诗如画,这里的鼓声悠远空灵,这里的桂花飘香四溢,这里的花山壁画古老神秘,这里的民族风情浓郁醉人……这里,是被誉为"美丽南方"的八桂大地,是"天下民歌眷恋的地方"——广西壮族自治区。

翻开语文课本，一幅幅优美动人的画卷徐徐展开，一个个壮美多姿的人文景观扑面而来。

首先映入眼帘的，当属"最广西"的桂林山水。桂林的山，犹如身披绿裙的少女；漓江的水，宛若缓缓流动的诗画。"桂林山水甲天下"的美名千古流传，令人心驰神往，流连忘返。

"漓江的水真静啊，静得让你感觉不到它在流动；漓江的水真清啊，清得可以看见江底的沙石；漓江的水真绿啊，绿得仿佛那是一块无瑕的翡翠……桂林的山真奇啊，一座座拔地而起，各不相连，像老人，像巨象，像骆驼，奇峰罗列，形态万千；桂林的山真秀啊，像翠绿的屏障，像新生的竹笋，色彩明丽，倒映水中；桂林的山真险啊，危峰兀立，怪石嶙峋，好像一不小心就会栽倒下来。"（《桂林山水》，人教版语文四年级下册）

桂林位于广西东北部，典型的喀斯特地貌，形成了山青、水秀、洞奇、石美的雄伟景观。漓江如玉带般旋绕桂林城区，是桂林山水的灵魂。荡舟漓江，品味桂林山水，像读一部神奇的书，赏一幅多彩的画，听一曲天籁之音，让人心旷神怡，久不忘怀。

千百年来，无数文人墨客、仁人志士畅游桂林山水，留下一篇篇不朽诗作。唐代韩愈赞叹"江作青罗带，山如碧玉簪"，杜甫感言"五岭皆炎热，宜人独桂林"；宋代王正功点赞"桂林山水甲天下，玉碧罗青意可参"，清代袁枚感慨"分明看见青山顶，船在青山顶上行"……一词一句，千言万语，写不完、道不尽桂林山水的神韵之美、优雅之姿。

在许多版本的语文教材中，桂林山水都是必不可少的"标配"。"漓江确实是美，透过绿色的水波，能数得清江底的水藻和碎石。在乌云翻滚的天空底下，这明净的江面上，依旧反射出浓丽的亮光。一座座山峦的侧影，躺在淡淡的波纹里，轻轻地晃荡着。"(《游漓江》，西师大版语文五年级上册)

都知"桂林山水甲天下"，可知"阳朔山水甲桂林"？作家杨朔这样写阳朔："尤其是从桂林到阳朔，160里漓江水路，满眼画山绣水，更是大自然的千古杰作。瞧瞧那漓水，碧绿碧绿的，绿得像最醇的青梅名酒，看一眼也叫人心醉。再瞧瞧那沿江攒聚的怪石奇峰，峰峰都是瘦骨嶙峋的，却又那样玲珑剔透，千奇百怪，有的像大象在江边饮水，有的像天马腾空欲飞，随着你的想象，可以变幻成各种各样神奇的物件。这种奇景，古往今来，不知有多少诗人画师，想要用诗句、用彩笔描绘出来，到底谁又能描绘得出那山水的精髓？"(《画山绣水》，苏教版语文九年级上册)

翻阅广西，不仅有壮美的山水景色，更有丰厚的历史文化。尤其以红军长征遗址、遗迹为代表的红色文化，是广西构建多元文化中浓墨重彩的一笔。

"五岭逶迤腾细浪，乌蒙磅礴走泥丸。"(《七律·长征》，人教版语文五年级上册)毛泽东主席诗中写到的"五岭"，即横亘在广西、广东、江西、湖南四省边境的大庾岭、骑田岭、都庞

桂林山水

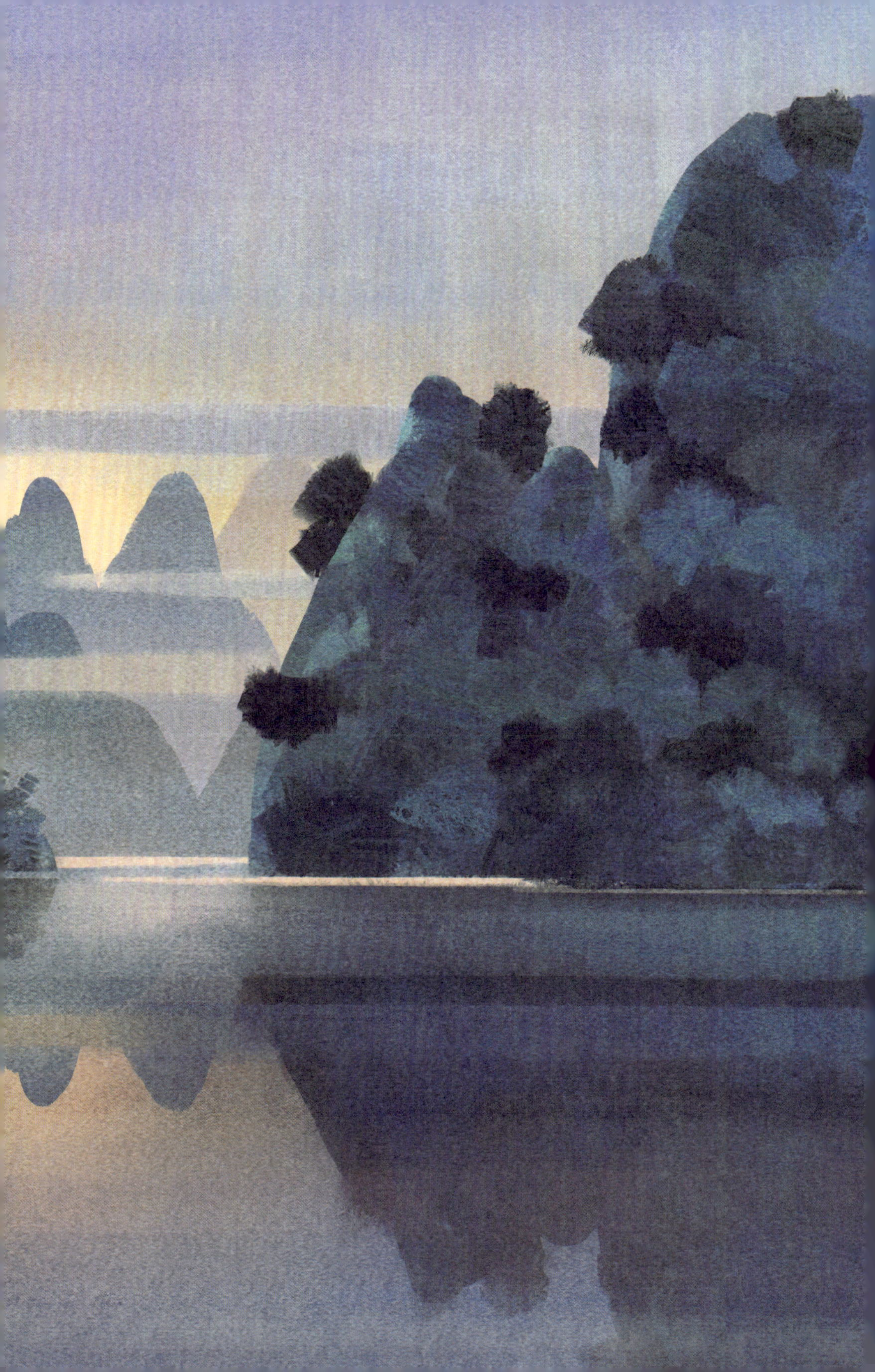

岭、萌渚岭、越城岭的总称。20世纪30年代，中央红军长征时途经广西兴安、全州、灌阳、龙胜、资源等县。其间湘江战役，是红军生死存亡之际发生的极为壮烈的一战，充分体现出红军战士"一不怕苦，二不怕死"的革命英雄主义精神。

湘江战役后，红军转移到兴安县境内，翻过了长征中第一座难走的山——越城岭（老山界）。"满天都是星光，火把也亮起来了。从山脚向上望，只见火把排成许多'之'字形，一直连到天上，跟星光接起来，分不出是火把还是星星……在'之'字拐的路上一步一步地上去。向上看，火把在头顶上一点点排到天空；向下看，简直是绝壁，火把照着人的脸，就在脚底下……老山界是我们长征中所过的第一座难走的山。但是我们走过了金沙江、大渡河、雪山、草地以后，才觉得老山界的困难，比起这些地方来，还是小得很。"（《老山界》，苏教版语文八年级上册）

壮美广西！壮哉广西！

从风生水起的北部湾畔，到静谧神秘的东巴凤长寿带；从壮族发源地的革命老区，到毗邻东盟的千里边关……那山、那水、那人，创造了八桂大地绚丽多姿的文化盛景；那花、那树、那草，涵养了壮乡儿女能歌善舞的温良品格。

"唱山歌嘞，这边唱来那边和。山歌好比春江水，不怕滩险湾又多……"当你踏上广西这片热情的土地，传唱千年的刘三姐歌声总会如约唱起，包容、友善、好客的广西正张开双臂，迎接八方尊贵宾朋。

作为广西民族文化的符号,每一个广西人心中都珍藏着一个别样的"刘三姐"。"刘三姐山歌唱得好,人品更好。她热爱乡里,同情贫苦百姓;她疾恶如仇,对社会上的那些不平事,不仅敢于仗义执言,而且还用山歌做武器与那些土豪劣绅作斗争。"(《刘三姐》,语文版语文五年级下册)

如今广西成歌海,都是三姐亲口传。随着时代的发展,刘三姐的山歌被赋予了新的色彩。从最初的传情达意到增进民族文化交流,近年来,人们广泛用山歌宣传党的好政策,歌颂美好新生活。国家大事、身边新事、生活喜事、邻里琐事,均被山歌手们写成歌词广为传唱。

千载歌声,世纪回响。从2014年起,每年壮族"三月三"期间,广西14个设区市1000余场民族文化活动同步展开,全国各地及海外数千万游客欢聚广西,不同的民族、语言、服饰、习俗交相辉映,各美其美,美美与共,唱响一曲曲悦耳动听的时代新歌。

文 / 周仕兴
2019年1月27日

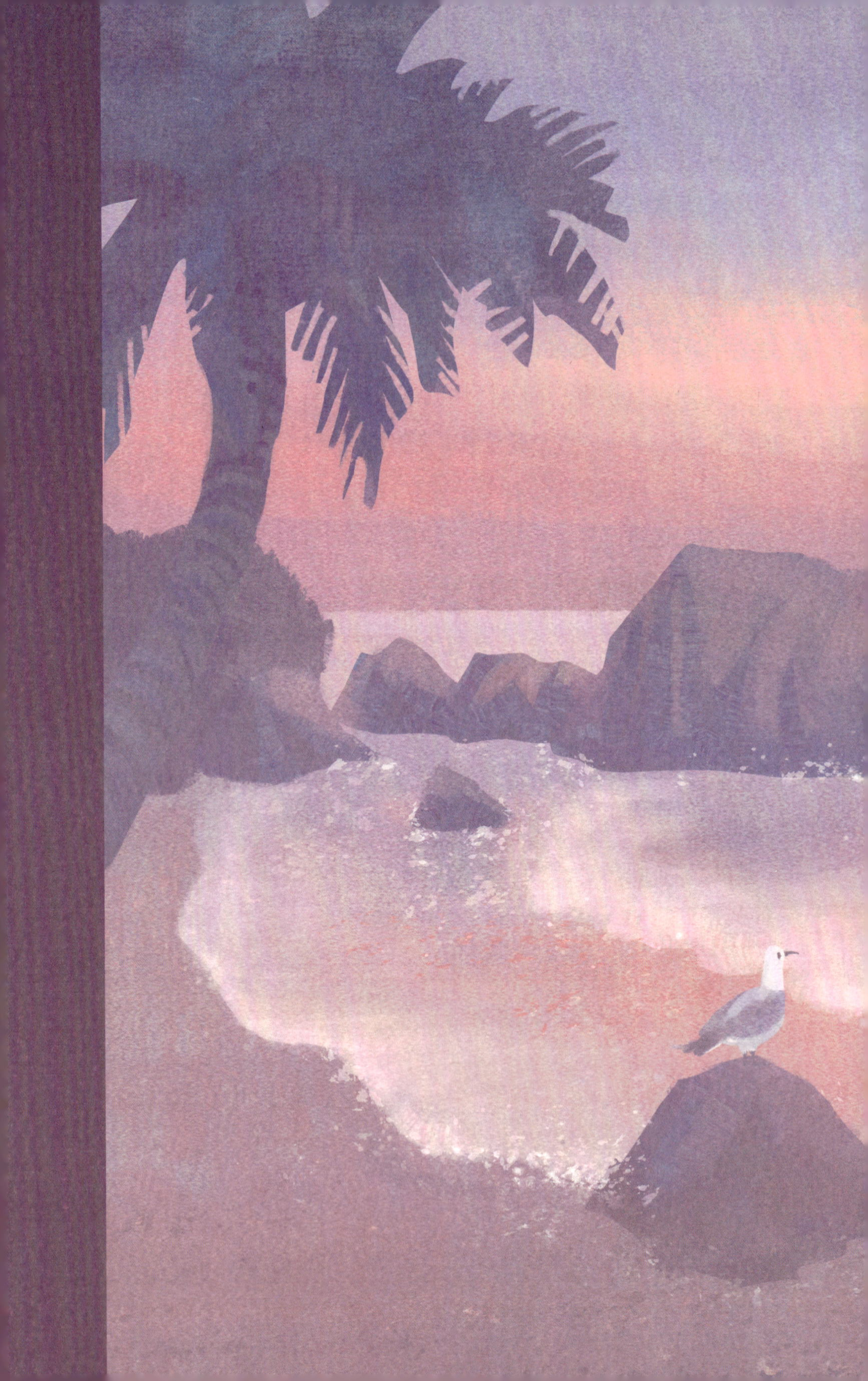

课本里的海南

"大兴安岭，雪花还在飞舞。长江两岸，柳树已经发芽。海南岛上，到处盛开着鲜花。"30年前，不少80后在语文课本上读到这篇短文时对海南岛充满了无限的向往，特别是在寒冷的冬日。

作为我国唯一的热带岛屿省份，海南，是个被大自然宠坏了的地方。这里有最宜人的气候、最清新的空气、最和煦的阳光、最湛蓝的海水、最柔软的沙滩。这么高的颜值，语文课本也一向毫不吝啬地对其赞美和描述。

"海南岛一年四季气候宜人，风景优美。高高的五指山挺立在海岛的中部，山上热带林木郁郁葱葱、四季常青。由山间小溪汇成的万泉河滔滔奔流，浇灌着两岸的农田。地处最南端的天涯海角，海天一色，美丽壮观。旅游胜地亚龙湾海滩，有七千多米长，一望无际的海滩，沙白如银，各种颜色的贝壳碎片在阳光下闪闪发光；眺望大海，风儿和海浪好像在海面上嬉戏追逐，溅起千万朵白莲般的浪花，海潮哗哗，渔帆点点，景色十分迷人。"（《南海明珠》，湘教版语文三年级上册）

文中的五指山为海南第一高山，被誉为海南岛的象征，常有人称"不到五指山，不算到海南"。明代大学士丘濬曾被五指山壮丽景观折服而写下："五峰如指翠相连，撑起炎荒半壁天。"经典老歌《我爱五指山，我爱万泉河》则把海南的好山好水唱到了世界各地。

说到海南不得不提到浩瀚南海上的三沙市。它所辖的三个群岛因其特殊意义和秀美风光成了各版本语文教材的"标配"。

"西沙群岛位于南海的西北部，是我国海南省三沙市的一部分。那里风景优美，物产丰富，是个可爱的地方。西沙群岛一带海水五光十色，瑰丽无比：有深蓝的，淡青的，浅绿的，杏黄的。一块块，一条条，相互交错着……海底的岩石上长着各种各样的珊瑚，有的像绽开的花朵，有的像分枝的鹿角。海参到处都是，在海底懒洋洋地蠕动。大龙虾全身披甲，划过来，划过去，样子挺威武。"（《富饶的西沙群岛》，部编版语文三年

级上册)

"南沙也是个迷人的世界。天是一片蓝玉，海是一块翡翠。远望水天相连，翡翠和蓝玉合璧，蔚为壮观。俯看清澈明亮的海水，龙虾、燕鱼、海龟五彩缤纷，令人心旷神怡。碧波浩渺的南沙海域，连浪涛都是美的，每一个浪头都托起洁白的浪花，一团团，一簇簇，仿佛是欢迎的人群在挥舞着花束。"(《美丽的南沙群岛》，苏教版语文三年级下册)

除了碧波万里，宁静神秘的蓝色，课本里的海南还有醉人的绿色，郁郁葱葱，热情好客。

"那是一个风和日丽的初春，我在海南岛琼山碰到海上奇观。正是涨潮的时候，一片密密麻麻的红树林浸没在海水里，露出一顶顶青翠的树冠，浮荡在海浪之中。一会儿潮退了，红树带着海泥芳馨的枝条和婀娜的身躯出现在海滩上。啊，我的眼前变成了一片绚丽多姿的世界。海风吹来，绿浪翻滚，欢迎我这来自北国的远客。"(《红树林》，北师大版语文五年级上册)

海南作为国际旅游岛，度假胜地，诗意当然少不了。"在三亚看落日真有诗意……时光悄悄地溜走，暑气跟着阵阵海风徐徐地远离。夕阳也渐渐收敛了光芒，变得温和起来，像一只光焰柔和的大红灯笼，悬在海与天的边缘。兴许是悬得太久的缘故，只见它慢慢地下沉，刚一挨到海面，又平稳地停住了。它似乎借助了大海的支撑，再一次任性地在这张硕大无朋的床面上顽皮地蹦跳。大海失去了原色，像饱饮了玫瑰酒似的，醉醺

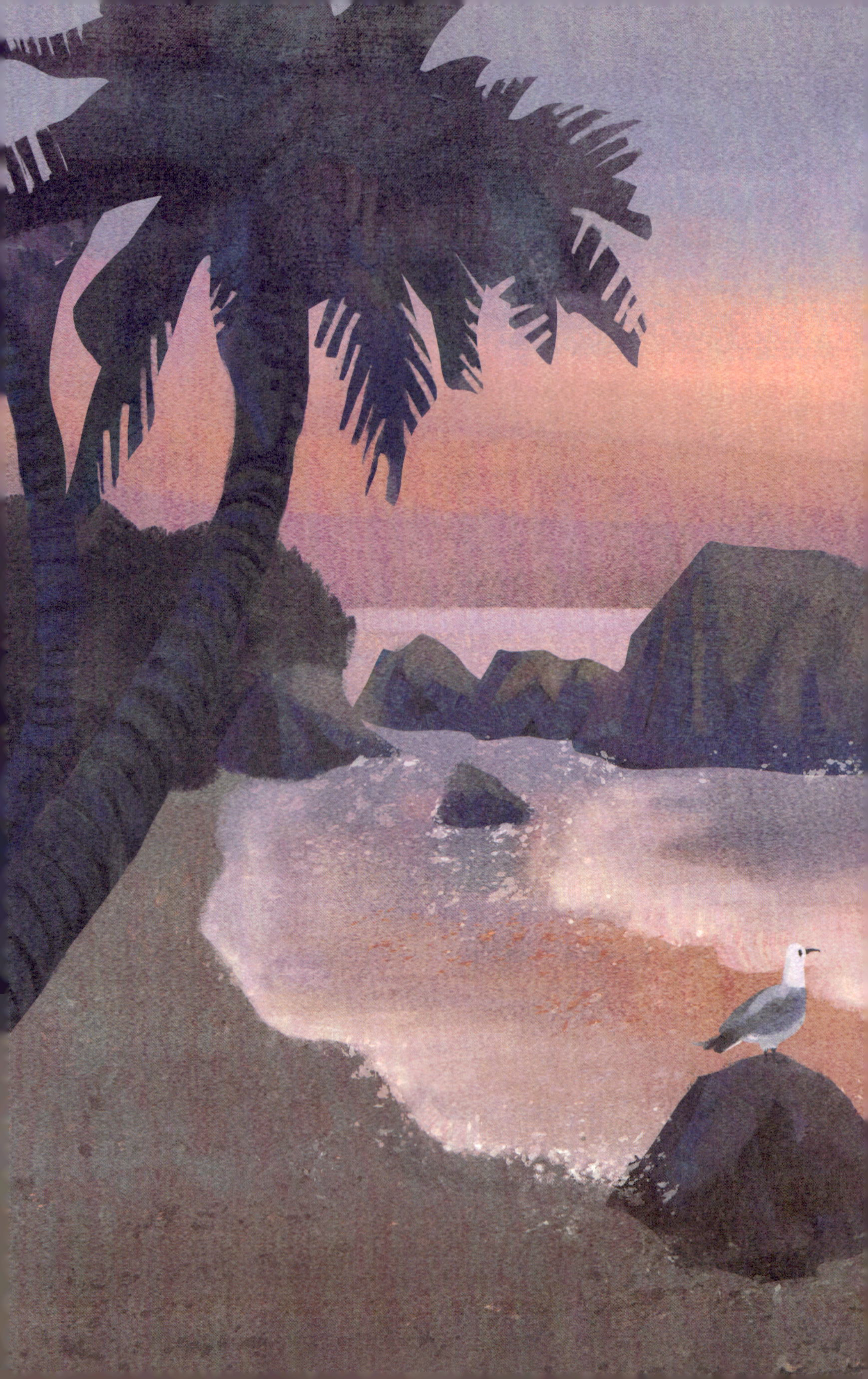

南沙群岛

醺地涨溢出光与彩。"(《三亚落日》，苏教版语文六年级下册）

海南还是英雄辈出的地方，一代代守岛官兵用青春热血守护着这片海域。

"1996年春，官兵们在礁盘上巡逻，战士臧跃民脚下的珊瑚礁突然坍塌，一下子跌入水流湍急的海沟。战士何正会跃入水中，奋力将臧跃民托出海面，自己却被卷入海底，献出了年轻的生命。面对何正会的遗体，许多战士默默地流下了眼泪：何正会的大腿、臀部长满了癣，发了炎，那是炎热、潮湿，加上缺水洗澡造成的。大家默默地拿出积攒的淡水，倒进锅里烧热，用纱布蘸着热水，轮流为他擦身子。战友们深情地说：'正会，你可以安心地走了！你是南沙唯一洗过热水澡的人。'"(《南沙卫士》，北师大版语文六年级下册）

随着基础设施日渐完善，三沙市从缺水少电到 Wi-Fi 全覆盖，从昔日荒岛到海上绿洲，一个个岛礁生机勃发。2017年，南沙守礁部队还迎来了首批女军人。

如今，海南已从一个较为封闭落后的边陲岛屿，发展成为中国最开放、最具活力的地区之一。这个最年轻的省份，现在正按下自贸区、自贸港建设的快进键，勇攀全面深化改革开放的新高峰。

文/王晓樱
2019年3月24日

课本里的重庆

重庆的季节转换总是像按下了快进键。不久前还在四处寻找阴凉躲避烈日的人们，转眼间就想念起可爱的太阳了。每年的晚秋到第二年的初春，太阳在重庆成了让人翘首期盼的稀罕物。"太阳一出山便被罩住，天空只剩下一个淡淡的圆"，这是雾的时节，缥缥缈缈的雾把层层叠叠的重庆变得变幻莫测，"像天上的仙女撒下帷幔，山城变成了谜一样的宫殿"。（《山城的雾》，人教版语文三年级下册）

从"火炉"直接切换到"雾都",阳光值得特别珍惜。火辣辣的重庆,这时候也充分展示了自己的豁达和包容。也许见不到明晃晃的太阳,也许天空中连"一个淡淡的圆"也没有,但只要光线稍微比平时更明亮一些,重庆人就会毫不犹豫地为又一个"晴天"点赞。

这是一种见惯了大江大河大山大水的淡定与从容。重庆地处四川盆地东部,长江自西向东横贯近700千米,使整个地形呈从南北两侧向长江河谷倾斜之势,境内约76%为山地。这里有举世闻名的长江三峡:"自三峡七百里中,两岸连山,略无阙处。重岩叠嶂,隐天蔽日,自非亭午夜分,不见曦月。"(《三峡》,部编版语文八年级上册)这里有代表公元9世纪至13世纪世界石窟艺术最高水平、被誉为"人类石窟艺术史上最后的丰碑"的世界文化遗产大足石刻;这里有"金佛何崔嵬,缥缈云霞间"的世界自然遗产金佛山、"南国第一牧原"世界自然遗产仙女山;这里有"世界第一古代水文站"白鹤梁;这里有孤城抗击蒙古铁骑36年,"独钓中原"的"上帝折鞭处"合川钓鱼城。

重庆古称江州、巴郡、楚州、渝州、恭州。公元1189年,宋光宗赵惇在此获封恭王后很快继帝位,"双重喜庆"的重庆由此得名。壮阔的山水和厚重的历史,引无数英雄竞折腰。诗仙李白在此流连忘返:"峨眉山月半轮秋,影入平羌江水流。夜发清溪向三峡,思君不见下渝州。"(《峨眉山月歌》,人教版语文七年级下册)公元759年春天,李白因永王李璘案被流放夜郎,行至夔州时得到赦免消息。或许是受郦道元"至于夏水襄陵,沿溯阻绝。或王命急宣,有时朝发白帝,暮到江陵,其间千二百里,虽乘奔御风,不以疾也"(《三峡》,部编版语文八年级上册)的启发,他欣喜若狂地喊出:"朝辞白帝彩云间,千里江陵一日还。两岸猿声啼不住,轻舟已过万重山。"(《早发白帝城》,北师大版语文二年级下册)

公元766年,55岁的杜甫离开成都的草堂来到重庆奉节,不到两年时间便写诗430多首,包括"风急天高猿啸哀,渚清沙白鸟飞回。无边落木萧萧下,不尽长江滚滚来。万里悲秋常作客,百年多病独登台。艰难苦恨繁霜鬓,潦倒新停浊酒杯"(《登高》,人教版高中语文必修三)。也隐约写到了重庆的秋雾:"玉露凋伤枫树林,巫山巫峡气萧森。江间波浪兼天涌,塞上风云接地阴。丛菊两开他日泪,孤舟一系故园心。寒衣处处催刀尺,白帝城高急暮砧。"(《秋兴八首(其一)》,人教版高中语文必修三)这里的山水风物让苦情的诗人有了难得的安恬怡然,也有了回望家国时的豪情万丈:"剑外忽传收蓟北,初闻涕泪满衣裳。却看妻子愁何在,漫卷诗书喜欲狂。白日放歌须纵酒,青春作伴好还乡。即从巴峡穿巫峡,便下襄阳向洛阳。"(《闻官军收河南河北》,人教版语文六年级下册)

山水环绕江河纵横,重庆便事事处处离不开"山"和"水"。大山大水始终是这片土地上的人们生活劳作寄情感怀的"大背景",重振破碎河山和救亡图存的历史大背景,更是在这片土地上孕育了伟大的红岩精神。中国共产党为了巩固抗日民族统一战线和加强国统区工作，1939年在重庆组建中共中央南方局。南方局暨八路军驻重庆办事处所在地重庆红岩村13号、周公馆所在地曾家岩50号、《新华日报》总馆所在地虎头岩，被誉为"红色三岩"。在极其艰苦险恶的环境中，南方局在中共中央的正确领导和周恩来、董必武等同志的带领下，把马克思主义理论与中国革命实践相结合，在长期斗争中形成了代表成熟时期中国共产党人崇高思想境界、坚定理想信念、巨大人格力量、浩然革命正气的红岩精神。

　　在红岩精神的感召下，无数仁人志士怀着崇高的信仰和坚定的信念投身伟大的民族独立和解放事业。"重庆临江门外，一个德国人开设的诊所里……沃克医生正在换手术服，护士跑来，低声告诉他病人拒绝使用麻醉剂……病人平静地回答：'沃克医生，眼睛离脑子太近，我担心施行麻醉会影响脑神经。而我，今后需要一个非常清醒的大脑！'"（《军神》，人教版语文六年级上册）像"军神"刘伯承一样，无数革命者有着"非常清醒的大脑"，即使身陷囹圄，他们也将刑讯逼供视为"歌乐山下悟道，渣滓洞中参禅"，新中国成立前夕，他们戴着脚镣手铐在渣滓洞白公馆举办了庆祝"大地回春""扭转乾坤"的新年大联欢。"期待的日子一转眼就来了……大家心里明白：几千年的封建王朝正在崩溃，人民当家作主的时代就要到来，'世上已千年'还形容不了翻天覆地的革命形势的迅速发展咧……沉重的铁镣，撞

夔門初晨

击得丁当作响，成了节奏强烈的伴奏。欢乐的歌舞里，充满了对黑暗势力的轻蔑。看啊，还有什么节目比得上这种顽强而鲜明的高歌曼舞！"(《狱中联欢》，人教版语文六年级下册)。正是这些为国家独立和民族大义视死如归的英烈们，用热血在这片土地上浇灌出了与红船精神薪火相传、一脉相承的红岩精神。

　　山水人文的融汇，成就了山城的豪迈与浪漫、江城的奔放与婉约，如"千里江陵一日还"的诗仙李白，如"万里悲秋常作客"的诗圣杜甫，如"道是无晴却有晴"的诗豪刘禹锡。哪怕只是"苔花如米小"，也像当年在激流险滩中喊着船工号子的长江纤夫那样，永不放弃"行千里，致广大"的目标。这是重庆人的性格，这是重庆的性格。身处先烈们当年翘首期盼并为之奋斗终身的伟大新时代，重庆人正凝神聚力建设内陆开放高地和山清水秀美丽之地，百倍努力推动高质量发展、创造高品质生活。

文 / 张国圣
2018 年 11 月 25 日

课本里的四川

　　四川，地处祖国西南，位于青藏高原向长江中下游平原的过渡带，多民族聚居，有山地、丘陵、平原、高原等多种地貌。从西侧的雪域高原到东侧的浅丘河谷，有近7000米的落差，从南面的逶迤山地到北面的连绵深丘，足足上千公里的距离。立体的地貌、多样的气候成就了四川的多姿多彩。在群山合围之中，天府之国成为群雄逐鹿时夺取天下的基地，外力欺辱时绝地反击的大后方，诞生了三星堆、金沙遗址这样令人惊叹的谜一样的古蜀文明。蜀汉文化、唐宋辞章、近现代革命星火在蜀地闪耀。自古文人皆入蜀，司马相如、扬雄、李白、杜甫、苏东坡、陆游等一大批文坛巨匠，无不与四川紧密相连。这些星河般灿烂的文化记忆，都烙印在中小学课本里，让亿万中国人自小就认识非同一般的四川，从而为博大的祖国深深自豪。

在课本里，四川是雄奇峻秀的自然诗篇，鬼斧神工造化天然。"噫吁嚱，危乎高哉！蜀道之难，难于上青天！蚕丛及鱼凫，开国何茫然！尔来四万八千岁，不与秦塞通人烟。"（《蜀道难》，人教版高中语文必修三）诗仙李白发出这样的感叹。"剑阁峥嵘而崔嵬，一夫当关，万夫莫开"，在他眼里，蜀山巍峨，蜀道多艰，"上有六龙回日之高标，下有冲波逆折之回川。黄鹤之飞尚不得过，猿猱欲度愁攀援。青泥何盘盘，百步九折萦岩峦。扪参历井仰胁息，以手抚膺坐长叹"。（《蜀道难》，人教版高中语文必修三）这位伟大的浪漫诗人用想象为四川画像。"危楼高百尺，手可摘星辰。不敢高声语，恐惊天上人。"（《夜宿山寺》，部编版语文二年级上册）即便是登临家乡绵阳涪江边的越王楼，他也可以写得动人心魄。在他的笔下，故乡的景致与众不同："峨眉山月半轮秋，影入平羌江水流。夜发清溪向三峡，思君不见下渝州。"（《峨眉山月歌》，人教版语文七年级下册）山、月、江水等景致的融合变幻，凸显诗人即将离开故乡外出闯荡，内心充满憧憬和喜悦。

在课本里，四川是令人惊艳的，宛若天成。"我小时候听奶奶讲，西方有座昆仑山，山上有个瑶池，那是天上神仙住的地方；池里的水好看极了，有五种颜色，红的，黄的，绿的，蓝的，紫的。奶奶是哄着我玩儿，我却当作了真的，真想有一天能遇上神仙，跟着他腾云驾雾，飞到那五彩的池边去看看。没想到今年夏天去四川松潘旅游，在藏龙山上，我真的看到了像瑶池那样神奇的五彩池。"（《五彩池》，人教版语文四年级上册）

但更多时候，四川是婉约的秀美，这种美渗入生活，糅合在宁静的时光里。"两个黄鹂鸣翠柳，一行白鹭上青天。窗含西岭千秋雪，门泊东吴万里船。"（《绝句》，部编版语文二年级下册）这是诗圣杜甫留给我们的四川景致：黄鹂，翠柳，白鹭，晴空，一幅鲜活的田园画卷；远望，西岭雪山的皑皑白雪清晰可见，而门口停驻的是即将开往东吴的客船。杜甫客居四川，在此度过的是他一生中最惬意的时光，四川给了他最好的庇护。蜀地风物让他心情大好，舒适的时光也让他写下了如此清丽的诗句："野径云俱黑，江船火独明。晓看红湿处，花重锦官城。"（《春夜喜雨》，人教版语文六年级上册）

不过，杜甫的伟大就在于人格高远，忧国忧民，偏居成都仍不忘天下。"八月秋高风怒号，卷我屋上三重茅"。身处逆境，杜甫思索的是："安得广厦千万间，大庇天下寒士俱欢颜！风雨不动安如山。呜呼！何时眼前突兀见此屋，吾庐独破受冻死亦足！"（《茅屋为秋风所破歌》，部编版语文八年级下册）

四川的特质在于不同的人，有不同的体验。王勃偶尔提及四川，"风烟望五津"（《送杜少府之任蜀州》，部编版语文八年

春夜喜雨

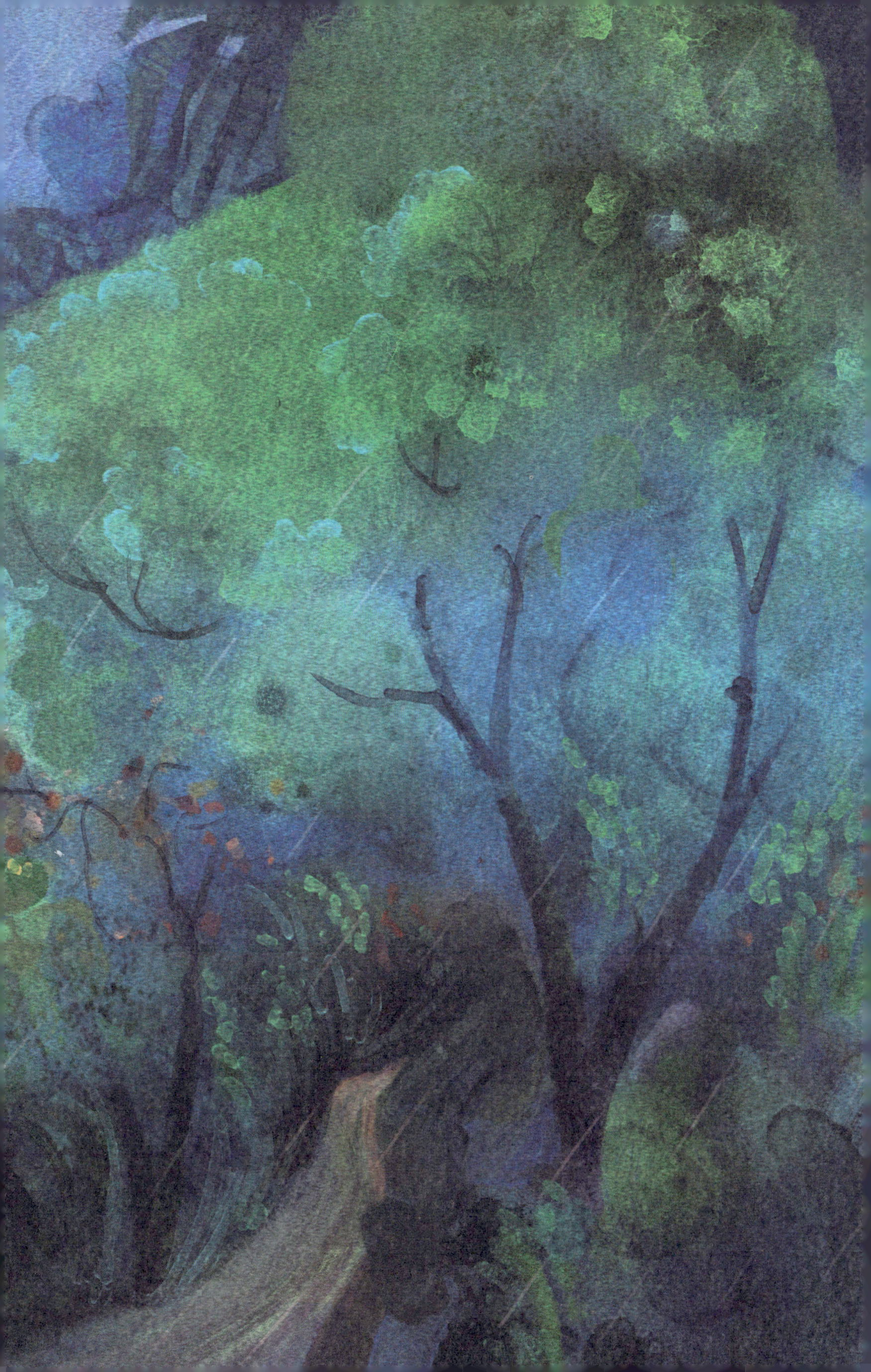

级下册)寥寥数字,便勾勒出蜀地的烟雨迷蒙,一笔便创造出雄浑壮阔的大气象。

"我开始欣赏鸟,是在四川。"(《鸟》,部编版语文七年级上册)在梁实秋眼里,四川是开放兼容的,能让事物有个性自由发展的空间。"自从离开四川以后,不再容易看见那样多型类的鸟的跳荡,也不再容易听到那样悦耳的鸟鸣。只是清早遇到烟突冒烟的时候,一群麻雀挤在檐下的烟突旁边取暖,隔着窗纸有时还能看见伏在窗棂上的雀儿的映影。"

在课本里,四川人杰地灵,蜀人包容勤奋而勇于奉献。"我家是佃农。祖籍广东韶关,客籍人,在'湖广填四川'时迁移四川仪陇县马鞍场",朱德同志深情回忆自己的母亲,感叹母亲的伟大,"她只是中国千百万劳动人民中的一员,但是,正是这千百万人创造了和创造着中国的历史。我用什么方法来报答母亲的深恩呢?我将继续尽忠于我们的民族和人民,尽忠于我们的民族和人民的希望——中国共产党,使和母亲同样生活着的人能够过快乐的生活"(《回忆我的母亲》,部编版语文八年级上册)。

在课本里,四川是红色的热土,革命星火从这里广播开去,气势如虹。"大渡河水流湍急,两岸都是高山峻岭,只有一座铁索桥可以通过。这座铁索桥,就是红军要夺取的泸定桥。"(《飞夺泸定桥》,北师大版语文四年级上册)长征时,红军转战四川,经历了严酷的洗礼,"1935年秋天,红四方面军进入草地,许多同志得了肠胃病",不少红军长眠在雪山草地,老班长也倒下了,留下金色的鱼钩,"我想,等革命胜利以后,一定要把它送到革命烈士纪念馆去,让我们的子子孙孙都来瞻仰它。在这个长满了红锈的鱼钩上,闪烁着灿烂的金色的光芒!"(《金色的鱼钩》,人教版语文五年级下册)面对严酷环境,革命者更有着无比乐观的精神。"红军不怕远征难,万水千山只等闲。五岭逶迤腾细浪,乌蒙磅礴走泥丸。金沙水拍云崖暖,大渡桥横铁索寒。更喜岷山千里雪,三军过后尽开颜。"(《七律·长征》,人教版语文五年级上册),毛主席诗中写到的金沙江、大渡河、泸定桥、岷山都与四川关系密切,在四川境内的征程堪称红军两万五千里长征中的一个高潮,革命队伍的豪迈英雄气概在这首气势磅礴的诗篇中得以尽情彰显。

"蜀国春与秋,岷江朝夕流。"课本里的四川,历久弥新。

文 / 李晓东
2018 年 12 月 9 日

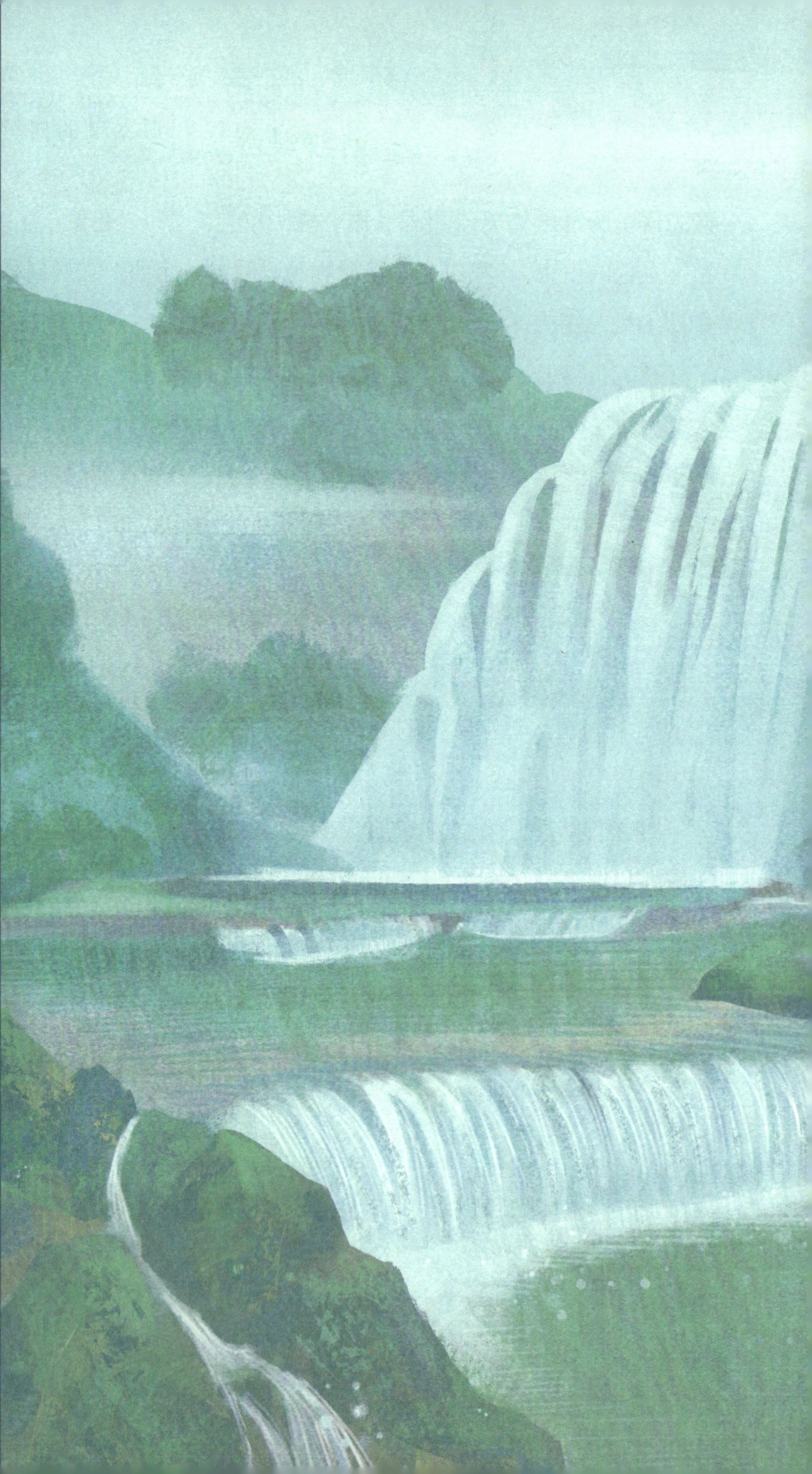

课本里的贵州

诗经楚辞的时代,她还在化外;唐诗宋词的王朝,她不见经传。公元759年,李白因永王案被流放夜郎,未至而遇赦,他欣喜万分,写下了"两岸猿声啼不住,轻舟已过万重山"(《早发白帝城》,北师大版语文二年级下册)的名篇。在唐代,夜郎贵州意味着蛮荒与凶险,贬谪到这里几乎是九死一生,死里逃生的喜悦激发了诗人的创作灵感。然而,贵州真的有那么可怕?至少在明代之前,文人们对贵州的印象跟李白的没有太大差异,加上"黔驴技穷""夜郎自大"两大"标签",在中国正统文化谱系中贵州彻底被忽略了。

幸好，一位伟大的行者拨开了高原丛林的氤氲，他笔下壮丽的山川风物让贵州正式跃上了中华文化的舞台。徐霞客，贵州魅力的发现者，也是第一位记录黄果树大瀑布的文人。因为有了这棵"树"，贵州非凡的景色一点一点展示在世人面前，从躲之不及到心驰神往，渐渐地人们认可了这棵"树"的文化价值，以至于在近百年的课堂上"老师在提到祖国的大好河山时总是要提到黄果树瀑布"（《黄果树瀑布》，北师大版语文四年级上册）。每一位站在黄果树瀑布前的中国人，都会自豪祖国有这样的胜境。黄果树大瀑布实际上是一个瀑布群，它们的形成缘于珠江源流白水河切断了苗岭的山脊，化作一条条白龙，从天而降。感受黄果树大瀑布，最特别的是水流暴击山石的金玉之声，震耳欲聋、撼人心魄。"我们仿佛置身于圆形乐池中，四周乐声奏鸣，人若浮身于一片声浪，每个细胞都灌满了活力，让人真正感受到自然的伟大和恢宏。"（《黄果树听瀑》，人教版语文五年级上册）

丛林中的瀑音再强大，也不过是缺少灵魂的动静。自明朝洪武年间贵州建省以降，虽然也有大大小小的众多文人在这里留下印记，但都还没有诗文配得上她瑰丽雄浑的气质。贵州在等待，等待一位赋予她精神的诗人，等待一位唤醒黔山贵水的伟人。终于，1934年的冬天，长征中的毛泽东来到了贵州。

长征——人类理想和信念的伟大史诗——给贵州带来了永恒的荣耀。经历了长征初期的失败和挫折，1935年1月，红军解放了遵义。在难得的休整中，将士们要求清算错误的军事思想，呼唤在苏区威望最高的毛泽东同志指挥全军。遵义会议顺应党心军心，成为中国革命转危为安的转折点，贵州也因此成为中国历史的坐标节点。

"雄关漫道真如铁，而今迈步从头越。"（《忆秦娥·娄山关》，语文版语文九年级下册）在二渡赤水，攻克娄山关后，毛泽东写下了这不朽的诗句。穿透刀丛血雨、重重围困，毛泽东用超凡的智慧，洞察出中国未来的希望，在贵州这片曾经的化外之地，孕育出改变华夏命运的大事件。

傍晚，攀登上娄山关战役遗址的制高点，身临其境方能体会到《忆秦娥·娄山关》中"苍山如海，残阳如血"对贵州群山的描写多么贴切。中国南方喀斯特地貌分布辽阔，从桂林山水到云南石林，越往南水蚀石灰岩的程度越深，而相对靠北的贵州喀斯特地貌的线条更加雄浑，山形更显厚重。特别是遵义的大娄山，位于南方喀斯特分布的北部边缘，山峰圆润、山谷狭窄，峰顶的高度起伏不大，恰如轻浪时海面的波涛。贵州的风景与伟人的心情，此刻达成了互为表里的意境，碰撞出情景交融的完美诗句，也让算不上高山的大娄山成为中华名山。

从1934年12月到1935年4月底，长征中，中央红军行军时间最长的省份就是贵州，毛泽东同志的军事天才在这里得到了充分展现。"战士双脚走天下，四渡赤水出奇兵。乌江天险重飞渡，兵临贵阳逼昆明。"（《长征组歌（两首）·四渡赤水出奇兵》，

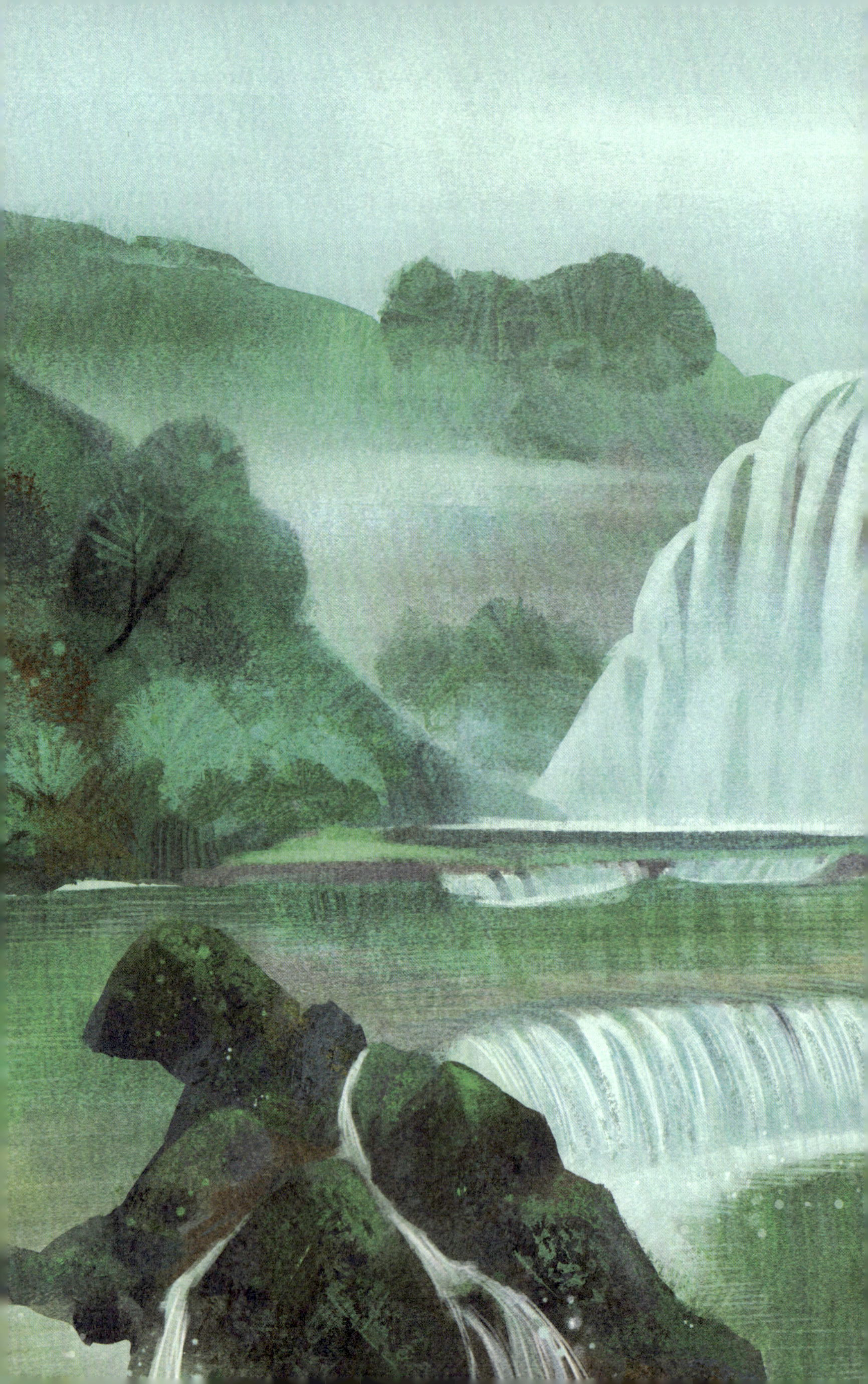

黄果樹瀑布

苏教版语文八年级上册）多年后，英国的蒙哥马利元帅赞誉毛泽东主席指挥"三大战役"的军事成就时，主席却说四渡赤水才是自己的"得意之笔"。因为有了这场世界战争史上经典的运动战，算不上大川的赤水河也有了不凡的灵气。红军一渡赤水的土城古镇，大榕树下，少先队员和游客们倾听着红军后人讲述将士们如何秋毫无犯集体睡在屋檐下，群众如何卸下自家的门板为红军搭起浮桥，穷苦百姓如何跟着红军走上革命道路……

　　河水悠悠，初心依旧。伟大的长征让贵州彻底告别了边缘与落寞，这方热土在中国革命中发挥的巨大作用彪炳史册。如今，在新时代的奋斗征程上，贵州人拿出了当年红军四渡赤水河、攻破娄山关、两占遵义城的精神开拓奋进，决胜全面建成小康社会、彻底撕掉贫困落后标签的目标就在眼前。贵州正在创造新的奇迹。

文 / 吕　慎
2019 年 6 月 30 日

课本里的云南

被誉为"彩云故乡"的云南,历史悠久,地处我国西南边陲,与缅甸、老挝、越南三国接壤,共有陆地边境线4061千米,拥有哈尼族、白族、傣族、傈僳族、拉祜族、佤族等15个当地特有少数民族。而且因为其独特的地理区位优势,云南一直享有"动植物王国"的美誉。所有这些,令云南在中国、在世界都充满了迷人而无穷的魅力!

这是昆明星期一的早晨。

窗外，不知何时渐渐沥沥地下起了小雨。不远处一所小学的高音喇叭里忽然传来一个小女生的清脆问候："祝老师们教师节快乐！"

哦，今天恰逢9月10日，原来是第34个教师节！

此情此景，让我不由得想起了作家汪曾祺的散文名篇《昆明的雨》（部编版语文八年级上册）。

曾就读西南联大、于昆明度过了一段美好时光的汪曾祺，心中始终萦绕着浓郁的昆明情结。在他的笔下，昆明的雨展现了一种别样的美！他用诗一样的语言写道："我想念昆明的雨……昆明的雨季是明亮的、丰满的，使人动情的。城春草木深，孟夏草木长。昆明的雨季，是浓绿的。草木的枝叶里的水分都到了饱和状态，显示出过分的、近于夸张的旺盛。"

翻开人民教育出版社出版的中小学语文课本，不难发现，其中收录了多篇书写云南的传世篇章，且多为名家之作。

瞧，这是写哀牢山的："山，好大的山啊！起伏的青山一座挨一座，延伸到远方，消失在迷茫的暮色中。这是哀牢山南段的最高处……'看，梨花！'白色梨花开满枝头，多么美丽的一片梨树林啊！"这是军旅作家彭荆风的小说《驿路梨花》（部编版语文七年级下册）的文字。

这是写丽江雪水的："我是一片雪，轻盈地落在了玉龙雪山顶上。有一天，我醒来，发现自己变成了坚硬的冰，和更多的冰挤在一起，缓缓向下流动。在许多年的沉睡里，我变成了玉龙雪山冰川的一部分。我望见了山下绿色的盆地——丽江坝，望见了森林、田野和村庄。张望的时候，我被阳光融化成了一滴水。我想起来，自己的前生，在从高空的雾气化为一片雪，又凝成一粒冰之前，也是一滴水。是的，我又化成了一滴水，和瀑布里另外的水大声喧哗着扑向山下……"这篇《一滴水经过丽江》(部编版语文八年级下册)，出自荣获茅盾文学奖的藏族作家阿来的笔下，读罢更是让读者充满了对丽江的无限憧憬。

这是写云南少数民族歌唱的："云南本是个诗歌的家乡，路南和迤西歌舞早著名全国。这一回却更加丰富了我的见闻……在昆明乡下，一年四季，早晚都可以听到各种美妙有情的歌声。"作家沈从文深为云南众多的少数民族山歌所倾倒，在《云南的歌会》(人教版语文八年级下册)里，他用优美的文笔描绘了三种不同场面的民歌演唱，三个场合在内容上各有侧重，在写作手法上也各具特色，于字里行间体现出对自然、对人、对艺术的品味与赞赏。

这是写老人与海鸥的："在喂海鸥的人群中很容易认出那位老人。他背已经驼了，穿一身褪色的过时布衣，背一个褪色的蓝布包，连装鸟食的大塑料袋也用得褪了色。朋友告诉我，这位老人每天步行二十余里，从城郊赶到翠湖，只为了给海鸥送餐，跟海鸥相伴。"在生态环境问题日渐凸显的今天，人类应该如何善待我们的家园？或许我们从《老人与海鸥》(人教版语文六年级上册）一文中可得到有益的启示。它通过描写在昆明翠湖公园一位爱鸥、长期坚持喂鸥的老人，讲述了要关爱自然、爱护动物的道理。

这是写西双版纳泼水节的："火红火红的凤凰花开了，傣族人民一年一度的泼水节又到了。1961年的泼水节，傣族人民特别高兴，因为敬爱的周恩来总理和他们一起过泼水节。"课文《难忘的泼水节》（部编版语文二年级上册）记叙了1961年周总理在西双版纳与傣族人民共度泼水节的欢乐场面，表达了人们激动、幸福和难忘的心情。

为什么会有那么多的作家、诗人、画家、歌唱家、摄影家要写云南、画云南、唱云南、拍云南？

那是因为，山川秀丽、风景独特、民族文化多姿多彩的云南实在太美了！

细细品读课本里这些关于云南的文章，可以让全国各地的孩子们从小感受七彩云南秀丽的自然风景及多姿多彩的少数民族文化，从而受到爱祖国、爱家乡的教育。

说起来，云南《春城晚报》高级编辑、儿童文学作家吴然的作品有许多篇曾被选入不同地区不同版本的小学语文教科书。他曾荣获全国优秀儿童文学奖，以及以宋庆龄、冰心、陈伯吹等人命名的儿童文学奖。

"早晨，从山坡上，从坪坝里，从一条条开着绒球花和太阳花的小路上，走来了许多小学生，有汉族的，有傣族的，有

雨崩

玉龙雪山

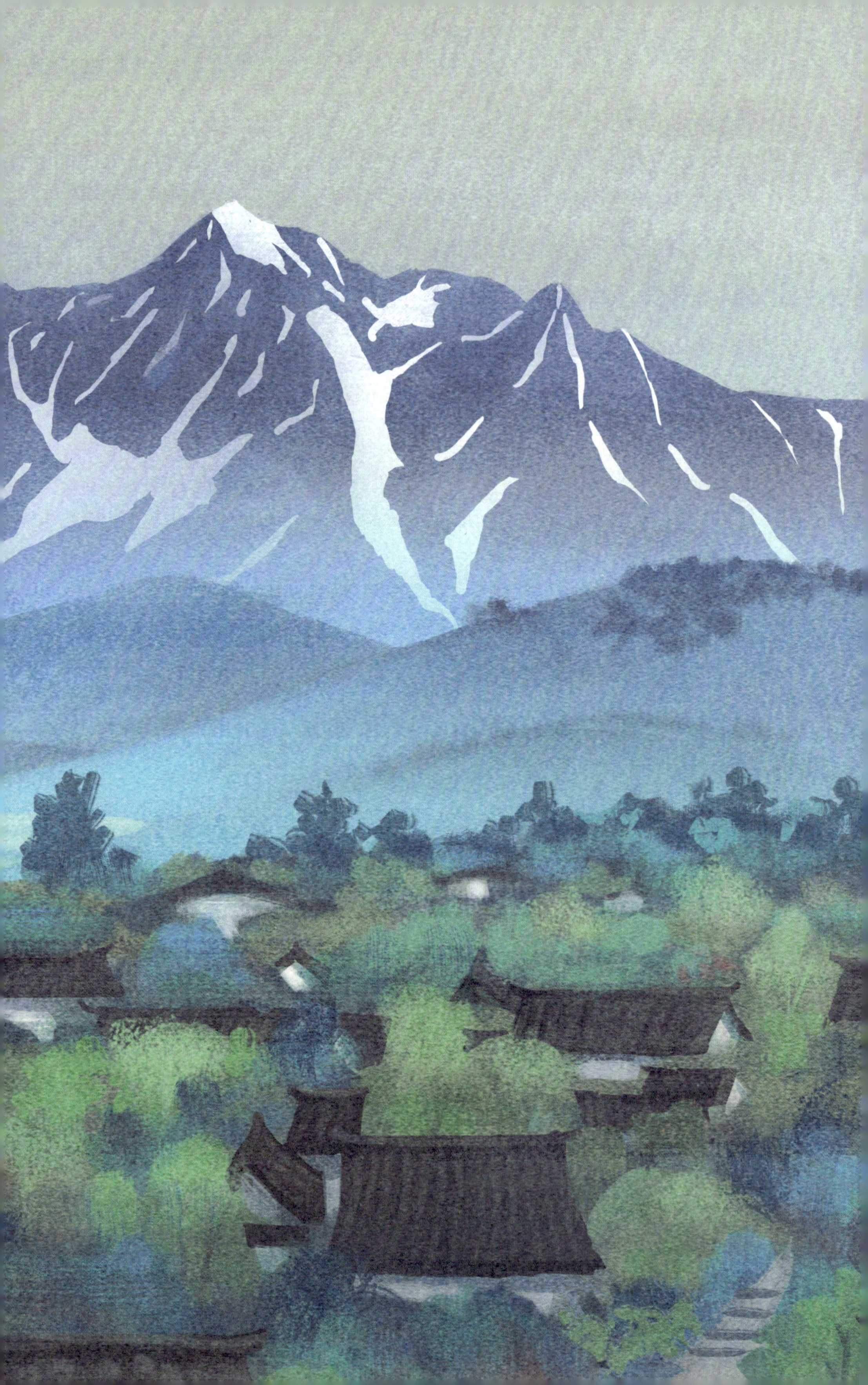

景颇族的,还有阿昌族和德昂族的。大家穿戴不同,来到学校,都成了好朋友。那鲜艳的服装,把学校打扮得绚丽多彩。同学们向在校园里欢唱的小鸟打招呼,向敬爱的老师问好,向高高飘扬的国旗敬礼。"这是吴然《大青树下的小学》(部编版语文三年级上册)里的一部分,它是以云南德宏地区为背景写的一篇短小散文,整篇作品有一种浓郁的边疆民族特色。

在吴然的眼里,"在新学年,小学生们读到我带着云南色彩和味道的作品,无疑让我的朴素的文学的向往,变成了现实。这是一种不可比拟不可替代的幸福。"他动情地说:"我的创作从来没有离开过云南这块芬芳的土地。每当我晒着高原的太阳,吹着渗透了泥土和花香的风,在云南大地行走,我都会童心欲动,有一种抑制不住的欲望,想通过我的感受我的描写和歌唱,让孩子们领略云南的美,唤起他们对云南的惊喜和热爱。这也是我很久以来的向往。"

文 / 任维东
2018 年 9 月 16 日

课本里的西藏

　　这是风驰电掣的"天路"列车上的一个早晨。

　　车窗外，如大海一样望不到边的错那湖在眼前不断地向前延伸、延伸、再延伸。北京至拉萨的火车在翻越了世界海拔最高的火车站——唐古拉车站后，正在通过铁路边长达几十千米的蔚蓝色"圣湖"。许多旅客拿出手机、照相机兴奋地拍摄着，生怕错过每一个美景。

此情此景,让我联想起语文课本中的描述:"随着一声令下,阵阵爆破声响彻雪域高原,风火山隧道开凿了。一条长长的'铁龙',从柴达木盆地深处的工业新城格尔木起步,跨过巍峨的昆仑山,将通过这里,穿越'世界屋脊'青藏高原,到达雪域圣城——拉萨。"(《把铁路修到拉萨去》,人教版语文五年级下册)

这条长长的"铁龙"就是青藏铁路。2006年7月1日,横贯青藏高原的青藏铁路全线正式通车。青藏铁路东起青海西宁,西至西藏拉萨,全长1956千米,是世界上海拔最高、线路最长的高原铁路。它犹如一条巨龙,穿崇山峻岭,越草原戈壁,过盐湖沼泽,奔腾在莽莽的"世界屋脊"上。人们惊叹地称它为"天路"。正如作词家屈塬笔下深情的歌词所写:"那是一条神奇的天路 / 把人间的温暖送到边疆 / 从此山不再高路不再漫长 / 各族儿女欢聚一堂……"(《天路》,北师大版语文四年级下册)

1300多年前,吐蕃王朝领袖松赞干布统一雪域高原后,急需吸收先进文化和技术。松赞干布多次派专使向唐朝求婚,最后获得成功。

"文成公主和她的随从们,跨过一条条大河,翻过一座座高山,走了一程又一程,终于来到了西藏。年轻的松赞干布在拉萨隆重地迎接这位美丽的公主,和她结成了夫妻。"(《文成公主进藏》,人教版语文四年级下册)

当文成公主一行的车轮碾过青藏高原这片苍茫的冰冻大地之后,长长的车辙印从此再也没有消失。从当年的羊肠小道到青藏公路，及至青藏铁路的建成，西藏已不再遥远，曾经的"出国容易进藏难"早已成为历史。

文成公主当年从长安到拉萨需要走几年的漫长路程，如今仅需两天就可抵达。乘火车到西藏，实现了数代中国人的梦想，使逛拉萨、看藏戏、登珠峰、观大峡谷不仅成为可能，而且成为现实。

人们徜徉在拉萨，常被那极富特色的藏式民居所吸引。"平顶的白色楼房一座挨着一座，黑框的门窗上装饰着条条漂亮的短皱帘，家家的楼顶上五彩经幡飘飞……古城民居的建筑风格独特，色彩鲜明，无论是颜色还是造型，都给人留下深刻的印象。"(《拉萨古城》，人教版语文五年级下册)

由于大气透明度高、光照时间长，拉萨还是有名的"日光城"。"那里的天空总是那么湛蓝、透亮，好像用清水洗过的蓝宝石一样。"(《拉萨的天空》，苏教版语文三年级上册)

一方水土养一方人。至于藏戏，那更是令人称绝！"世界上还有几个剧种是戴着面具演出的呢？世界上还有几个剧种在演出时是没有舞台的呢？世界上还有几个剧种是一部戏可以演出三五天还没有结束的呢？"(《藏戏》，人教版语文六年级下册)这，唯有藏戏做到了。藏戏是西藏的传统剧种，产生于元末明初，距今有600多年历史。藏戏最大特点是多数角色戴着面具表演，一人唱众人帮腔，腔调高亢激越，伴奏乐器只有一鼓一钹，剧中还有一人讲解串戏。

放眼望去，世界最高峰珠穆朗玛峰，像一座巍峨挺拔的巨大金字塔，屹立在喜马拉雅山脉之巅，昂首天外，俯视群山。正如课文中所赞美："我神州，称中华，山川美，可入画。黄河奔，长江涌，长城长，珠峰耸。"（《神州谣》，部编版语文二年级下册）

1960年5月，年轻的中国登山队员从珠峰北坡攀缘而上，踏过千年冰雪，翻过万丈巉岩，把鲜艳的五星红旗插上了地球之巅。我国著名新闻工作者郭超人生动地记述了登山队员们突击顶峰的过程："北京时间上午9时30分，年轻的登山队员——运动健将王富洲、刘连满、屈银华和一级运动员贡布（藏族）四人，背着高山背包，扶着冰镐，开始向珠穆朗玛顶峰最后的380米高度冲击。其他队员们撤回到8100米的营地，养精蓄锐，以便在需要的时候为突击顶峰的队员提供各种支援……"（《登上地球之巅》，人教版语文七年级下册）。

"在号称'世界屋脊'的青藏高原，有两个世界之最：一个是世界最高的山峰——珠穆朗玛峰，一个是世界最深最长的河流峡谷——雅鲁藏布大峡谷。高峰与深谷咫尺为邻，几千米的强烈地形反差，构成了堪称世界第一的壮丽景观。"（《雅鲁藏布大峡谷》，人教版语文四年级上册）雅鲁藏布大峡谷平均深度2268米，最深处达6009米，是地球上最深的峡谷。

翻开中小学语文课本不难发现，这里面不仅有西藏山川江河、古城圣地、藏戏艺术的记载，更有一代代中华儿女架起民

西藏拉萨

族团结桥梁的印记。

"孔繁森是一位优秀的援藏干部……孔繁森用献血所得的营养费,帮助这几个孤儿上学读书。藏胞们知道了这件事,都感动得流下了热泪。他们深情地唱道:太阳和月亮有同一个母亲,她的名字叫光明。汉族和藏族有同一个母亲,她的名字叫中国。"(《孔繁森》,苏教版语文二年级上册)

当然,有关西藏的故事远不止这些内容。人们常说:"西藏除了缺氧,什么都不缺!"它不仅有雪山冰川、江河湖泊、大漠戈壁、草原森林,还有雄伟壮观的布达拉宫,风格独特的寺庙建筑,历史悠久的文化艺术,别具一格的民俗风情,珍贵奇异的高原动植物,以及各民族团结友爱留下的无数动人故事……

文/唐召明
2019年6月2日

课本里的陕西

陕西地处中国内陆腹地，是中华民族及华夏文化的重要发祥地之一。李白、杜甫、白居易、韩愈等诗坛巨擘曾在此驻足游吟；太史公司马迁、理学家张载等先贤曾在此著书立说；柳青、路遥、陈忠实、贾平凹等领衔的当代文学陕军亦成为今人仰止的高峰……千百年来，文人名士在陕西留下了诸多名篇佳作，其中一部分借由课本辑录承载，为当今学子含英咀华，在琅琅书声、脉脉书香中，浸润心田，滋养精神。

课本里的中国

　　课本里的陕西是一幅山水画。地跨长江、黄河两大流域，秦岭横贯东西，长安八水浸润，终南始得仙名……当林立的高峰遇到跌宕的流水，会有多少动人的诗篇值得期待！

　　看！那是韩愈笔下的长安春意——"天街小雨润如酥，草色遥看近却无。最是一年春好处，绝胜烟柳满皇都。"（《早春呈水部张十八员外》，人教版语文八年级下册）岁月不居，四季流转，而长安是一首永远写不尽的诗。

　　听！那是王维琴弦间的林泉律韵——"独坐幽篁里，弹琴复长啸。深林人不知，明月来相照。"（《竹里馆》，部编版语文七年级下册）诗人王维一生痴恋蓝田辋川，他隐居在辋川，创作在辋川，死后又葬于辋川——"终南之秀钟蓝田，茁其英者为辋川"。

　　叹！那是少年谭嗣同心中的一片孤城——"终古高云簇此城，秋风吹散马蹄声。"（《潼关》，部编版语文七年级上册）马蹄声声，莫道前路难行——翻过潼关，便是八百里秦川。

　　粗犷也细腻，刚强亦柔情。课本里的陕西，有令人拍案叫绝的风景，亦不乏浓郁的地域风情，它或凝结为一支鼓曲，或灌注成一尊雕像，或幻化为一羽飞鸟，或迸射出一曲秦腔！

　　课本里的陕西，是陕北后生手中激情飞扬的鼓槌——"骤雨一样，是急促的鼓点；旋风一样，是飞扬的流苏；乱蛙一样，是蹦跳的脚步；火花一样，是闪射的瞳仁；斗虎一样，是强健的风姿。"（《安塞腰鼓》，部编版语文八年级下册）抡起它，便能

184

撞击出黄土高坡上的生活新愿景!

课本里的陕西,是矗立在西安玉祥门外的骆驼石像——"那驮着彩绸的一峰峰骆驼,高鼻凹眼的西域商人,精神饱满,栩栩如生。"(《丝绸之路》,人教版五年级语文下册)伴着它,驼铃声声奏响丝路文明的交响乐章!

课本里的陕西,是汉中水塘里的一羽朱鹮——"这两只鸟儿背上的羽毛是洁白的,两颊则是鲜红鲜红的。它们的脑枕部呈柳叶状,长着一排突起的羽毛……"(《朱鹮飞回来了》,北师大版语文四年级下册)守着它,30年繁育保护见证了陕西洋县变成飞鸟的天堂。

课本里的陕西还是老秦人胸膛里的一曲秦腔,雄浑厚重,慷慨激昂——"在这样的地方,这样的环境,这样的气氛,面对着这样的观众,秦腔是最逞能的,它的艺术的享受,是和拥挤而存在,是有力气而获得的。"(《秦腔》,北师大版高中语文必修三)

课本里的陕西有惊艳世界的地下兵团——秦陵兵马俑(《秦兵马俑》,人教版语文四年级上册),有享誉中外的书法艺术宝库——西安碑林公园(《名碑荟萃》,人教版语文六年级下册),还有鼓角争鸣的兵家必争之地——霸上(《鸿门宴》,人教版高中语文必修一)……一篇篇课文与陕西大地上一处处实物相互对应,激荡而出的,是华夏血脉的自信与从容!

课本里的陕西还透射着先贤往圣的傲然风骨,那是无数仁

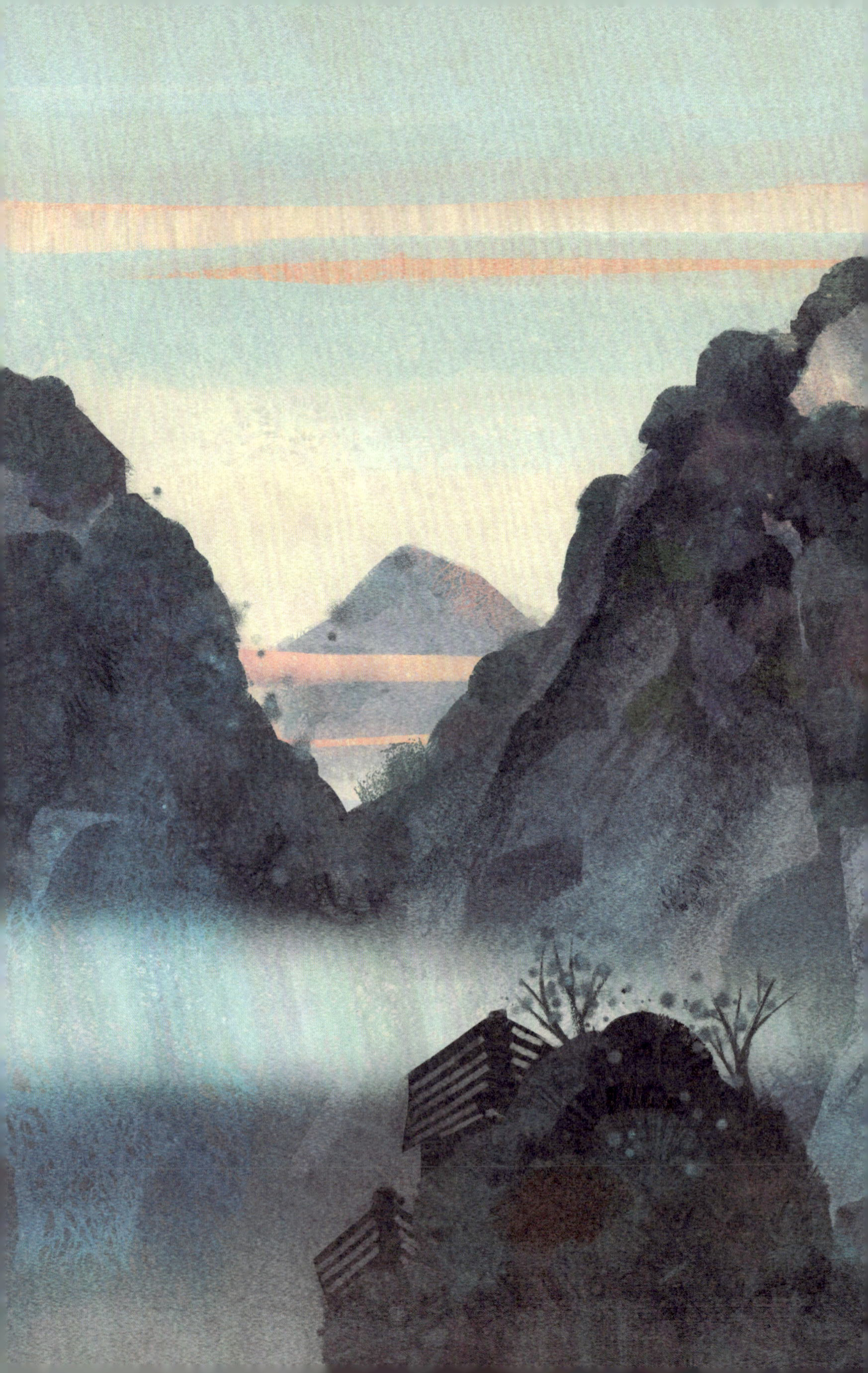

华山

人志士胸怀家国、肩担道义的志向与情怀！

课本里的陕西是历史烙下的印记——"且夫天下非小弱也，雍州之地，崤函之固，自若也。""一夫作难而七庙隳，身死人手，为天下笑者，何也？仁义不施而攻守之势异也。"（《过秦论》，人教版高中语文必修三）文景时期，贾谊以敏锐的洞察力剖析前朝得失，用如椽巨笔痛陈治政积弊。

课本里的陕西是时代遗落的刻痕——"国破山河在，城春草木深。感时花溅泪，恨别鸟惊心。"（《春望》，部编版语文八年级上册）唐玄宗天宝年间，长安城在安史之乱中沦陷，其时杜甫为叛军所俘，困居长安，写下此诗，笔触所及，花虫鸟木尽染黍离之悲。

课本里的陕西有命运发出的呐喊——"一车炭，千余斤，宫使驱将惜不得。半匹红纱一丈绫，系向牛头充炭直。"（《卖炭翁》，部编版语文八年级下册）唐宪宗元和初年，白居易用锋利的笔剖开"宫市"的腐败本质，用炽热的心诉说着对劳动人民的深切同情。

课本里的陕西是人世豪迈的长歌——"行路难，行路难，多歧路，今安在？长风破浪会有时，直挂云帆济沧海。"（《行路难》，部编版语文九年级上册）唐玄宗天宝年间，别长安，李太白初心不改，慨然前行！

课本里的陕西是一片英雄地，1935年10月，红军长征到达陕北，古老的热土刻下了红色的足迹，为苦难深重的中国点燃了新的希望。沿着它，共产党人带领中国人民从胜利走向更大的胜利！

课本里的陕西是革命者的万丈豪情——"北国风光，千里冰封，万里雪飘。望长城内外，惟余莽莽；大河上下，顿失滔滔。"（《沁园春·雪》，部编版语文九年级上册）1936年2月，毛泽东率抗日东征部队自陕北子长县出发抵达清涧袁家沟，穿行在海拔千米的雪塬，伟人胸中有丘壑，腕底起风云！

课本里的陕西，是延安大生产运动中的一架纺车——"这个时候，就连起初生过纺车的气的人也对纺车发生了感情。那种感情，是凯旋的骑士对战马的感情，是'仰手接飞猱，俯身散马蹄'的射手对良弓的感情。"（《延安纺车抒怀》，苏教版语文九年级下册）摇动它，棉线根根，兜起抗战军民"自己动手，丰衣足食"的底气。在战火纷飞的岁月，纺车也是武器！

课本里的陕西，是宝塔山下的一抔黄土——"手抓黄土我不放，紧紧儿贴在心窝上。……几回回梦里回延安，双手搂定宝塔山。"（《回延安》，部编版语文八年级下册）捧起它，可以感受到诗人的赤子之心，"少年"远行千万里，对"母亲"延安的真情永不泯灭！

课本里的陕西，是"为人民服务"的热切召唤——"人总是要死的，但死的意义有不同……为人民利益而死，就比泰山还重；替法西斯卖力，替剥削人民和压迫人民的人去死，就比鸿毛还轻。"（《为人民服务》，人教版语文六年级下册）重温它，能体悟共产党人的初心与信仰。张思德牺牲了，革命的队伍更要砥砺前行！

红色、绿色、古色，风景、风情、风骨。曾经的陕西，以深厚的文化积淀定义了中华文明欣欣向荣的上半场；如今，低调务实不张扬，埋头苦干有决心的三秦人民，正奋力谱写新时代追赶超越的新篇章！

文/马荣瑞　张哲浩
2019年3月31日

课本里的甘肃

甘肃在语文课本里留下最多印记的部分，当属河西走廊，作为丝绸之路的重要一段，河西走廊见证了中国西北的沧桑变化，霍去病曾在这里驰骋，玄奘也曾沿此路西行。河西走廊东起乌鞘岭，西至玉门关，绵延近千公里，自古就是西北地区的交通要道。在漫漫的大漠戈壁中，有绿洲就会有城市、村庄，汉武帝设置的河西四郡武威、酒泉、敦煌、张掖，点缀在千里河西，诉说着这里过往的繁华与喧嚣。张掖古称"甘州"，酒泉古称"肃州"，甘肃由此得名。

我多次往返这条苍凉厚重的古道，曾想，如果俯卧在这里的茫茫戈壁滩上，细心倾听，每一粒尘沙都会有历史的回响，兵家征战、商旅往来、文人吟咏、歌舞翩跹……

"1983年，我国旅游局确定以'天马'作为中国旅游的图形标志。这个标志的形象是根据东汉（25—220）时期的一件青铜雕塑工艺品描绘的。1969年，这件文物珍品在甘肃武威出土，立刻震惊全国，轰动世界。它是我国古代造型艺术和冶炼、铸造技术的结晶，是我国悠久文化历史的代表性杰作。"（《天马》，北师大版语文五年级上册）

武威古称凉州，是古西北首府，前凉、后凉、南凉、北凉、大凉在此建都，又是西夏陪都，堪称六朝古都。说起凉州，自然会让人想起《凉州词》（北师大版六年级语文上册）："黄河远上白云间，一片孤城万仞山。羌笛何须怨杨柳，春风不度玉门关。"《凉州词》是盛唐时流行的一种曲调名，许多诗人都写有《凉州词》："葡萄美酒夜光杯，欲饮琵琶马上催。醉卧沙场君莫笑，古来征战几人回？"王翰的这首《凉州词》也是脍炙人口的名篇。

"天马"在甘肃武威出土，并非偶然，甘肃历来出产骏马，现在还有山丹马场令游人和摄影爱好者心驰神往。山丹马场位于祁连山北麓，诗人王昌龄的诗句"青海长云暗雪山，孤城遥望玉门关。黄沙百战穿金甲，不破楼兰终不还"（《从军行（其四）》，北师大版语文八年级上册）中的"雪山"说的就是祁连山。

敦煌是甘肃的一张世界级名片，季羡林曾说我国的敦煌和新疆地区是世界四大文化体系唯一汇流之地。敦煌莫高窟是举世闻名的艺术宝库,始建于公元366年,至今仍有保存完整的洞窟492个。

"莫高窟不仅有精妙绝伦的彩塑,还有四万五千多平方米宏伟瑰丽的壁画。壁画的内容丰富多彩,有记录佛教故事的,有描绘神佛形象的,有反映民间生活的,还有描摹自然风光的。其中最引人注目的,是那成百上千的飞天。壁画上的飞天,有的臂挎花篮,采摘鲜花;有的怀抱琵琶,轻拨银弦;有的倒悬身子,自天而降;有的彩带飘拂,漫天遨游;有的舒展双臂,翩翩起舞……看着这些精美的壁画,就像是走进了灿烂辉煌的艺术殿堂。"(《莫高窟》苏教版语文五年级上册)

常在边塞诗中出现的阳关和玉门关分别位于敦煌的西南和西北,建于西汉年间,分别是丝绸之路南路和北路必经的关隘。玉门关因西域输入玉石时从这里经过而得名,阳关则因坐落在玉门关之南而得名。

"渭城朝雨浥轻尘,客舍青青柳色新。劝君更尽一杯酒,西出阳关无故人。"(《送元二使安西》,人教版四年级语文上册)两千年前的古关隘,一千多年前的古诗文,如今读来,伤别之情与苍凉之感宛在眼前。

千年的沙蚀风剥雨淋,让我们已无缘两关的雄伟,离玉门关不远处的河仓城仍留有断壁残垣,可让人遥想当年河仓城及阳关、玉门关的恢宏。

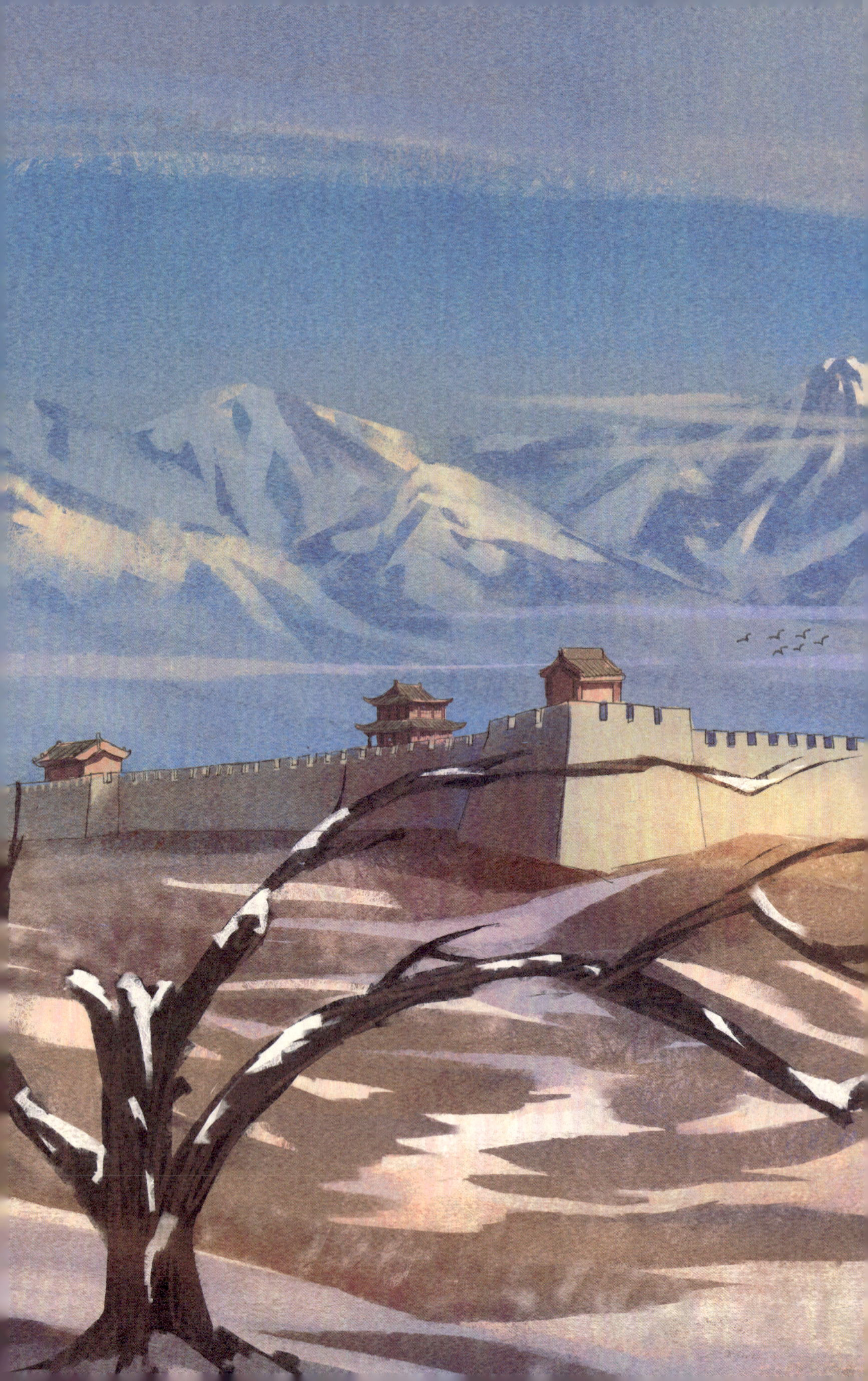

嘉峪关

在小方盘城（暂定为玉门关关城遗址）旁边，还能看到汉长城遗存，古代阳关向北至玉门关一线有70千米的长城相连。甘肃是名副其实的长城资源大省，长城在其境内总里程达4000千米，占全国长城总长的四分之一。"像巨龙穿行在大地，/连绵起伏，曲折蜿蜒。/东起山海关，西到嘉峪关。"（《长城与运河》，苏教版语文三年级下册）天下雄关嘉峪关是明长城的西端，三座雄伟的关楼屹立，恢宏壮美，关城西望则是茫茫大漠戈壁。在甘肃，不仅有明长城，还有秦、汉时期修筑的长城，这三代长城的西端都在甘肃境内——临洮、敦煌、嘉峪关。

甘肃省会兰州的东邻，是位于黄土高原上的定西。作家高建群曾为定西高原的落日所震撼："这时，眼界突然开阔起来，在苍茫的远方，弧状的群山之巅，一轮血红的落日像一辆勒勒车的轮子，静静地停驻在那里……面对这落日，我们全都惊呆了。我们将车停下来，倚托着一棵树，架起相机，直拍到它消失。"（《西地平线上》，苏教版高中语文必修一）

在甘肃河东的黄土高原上，能有群山映衬夕阳的地方很多。黄土高原的地表，被岁月和风雨雕琢得沟壑纵横，这些沟壑里埋藏着中华文明的古老记忆。定西向东，庆阳的董志塬，是地球上黄土层最厚的地方，深厚的黄土也孕育了甘肃淳朴的民风。

课本里留下的甘肃印记，大多数都出现在从长安到西域的沿途，那里曾经金戈铁马，如今仍余古意苍茫。其实，甘肃作为华夏文明的重要发祥地之一，是一个文化资源丰厚、地形地貌多样的省份，甘肃人常说"除了大海，甘肃什么都有"，这里不仅有大漠戈壁，古道苍凉，敦煌洞窟，边塞悲壮，还有陇南山水，甘南草原，七彩丹霞，麦积崆峒，周祖农耕，黄河风情，彩陶汉简，河州化石，兰州"牛大"……

文 / 宋喜群
2019 年 2 月 17 日

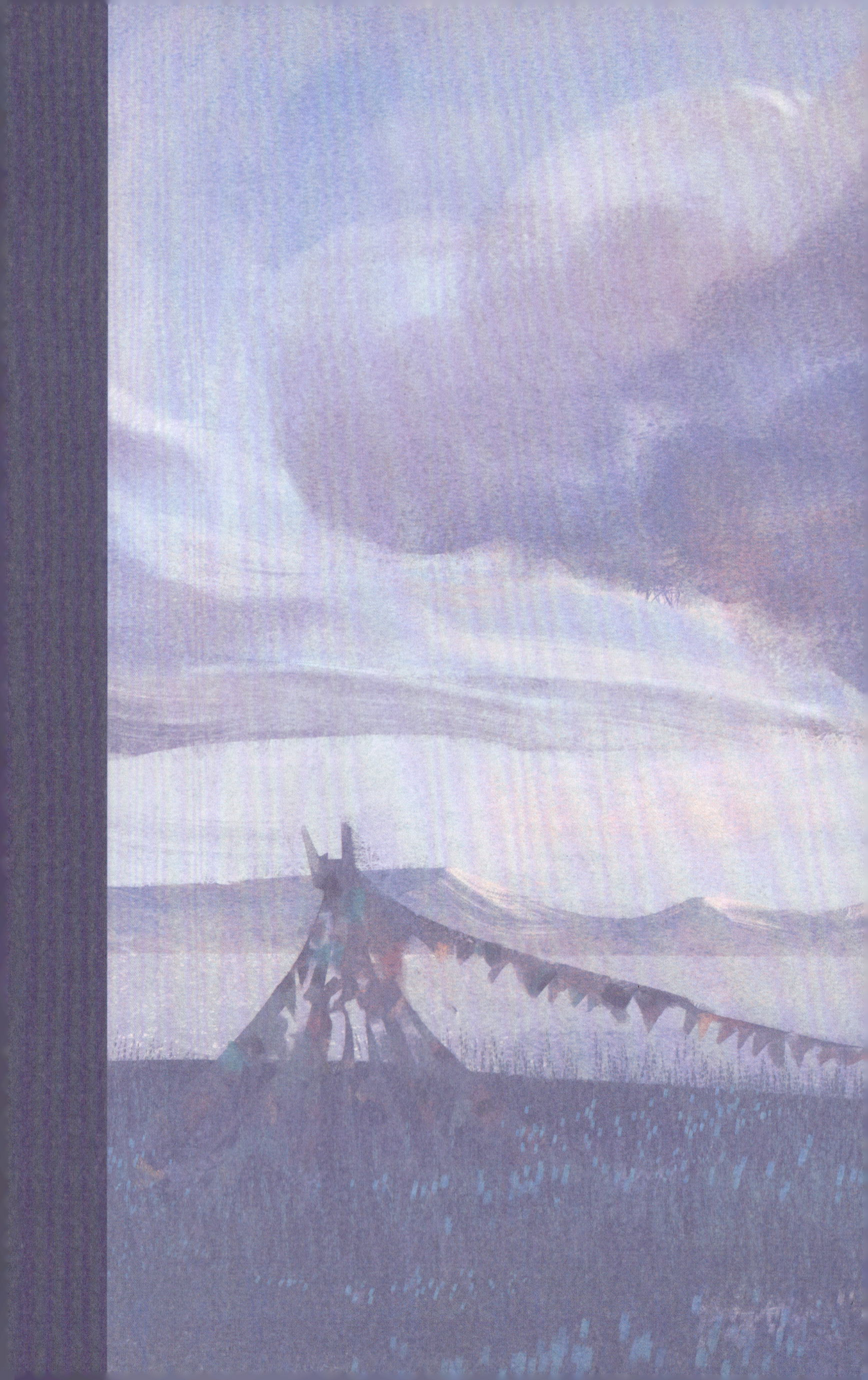

课本里的青海

青海，也许是因为王洛宾那首著名的歌曲《在那遥远的地方》让人知晓的。深情的歌词和优美的旋律，诠释着美好和希冀，令人无限向往。

"青海长云暗雪山，孤城遥望玉门关。黄沙百战穿金甲，不破楼兰终不还。"(《从军行（其四）》，北师大版语文八年级上册) 在唐代诗人王昌龄眼中，遥远的青海是长云，是雪山，是黄沙，是边塞将士艰苦的驻守，是金戈铁马的壮志雄心……

而语文课本里的青海，离我们并不遥远。青海湖、三江源……一个个熟悉的名字，让我们走进这片广袤而神奇的土地。

"而那湖水的蓝,又是蓝得多么醉人啊!它蓝似海洋,可比海洋要蓝得纯正;它蓝似天空,可比天空蓝得深沉。青海湖的蓝,蓝得纯净,蓝得深湛,也蓝得温柔恬雅。"(《青海湖,梦幻般的湖》,语文版语文八年级上册)

青海湖是高原咸水湖,也是我国最大的内陆湖泊。在藏语里和蒙语里,它都是"青色的大海"之意。为什么要叫"青色的海",而不叫"蓝色的海"呢?莫不是出于"青出于蓝而胜于蓝"的俗语?其实,青海湖水之所以如此湛蓝,是因为湖面高出海平面3100多米,湖水中含氧量较低,浮游生物稀少,含盐量在0.6%左右,透明度达到八米以上,因而,湖水就显得更晶莹明澈。

青海省因"青海湖"而得名,总面积72万平方千米,北部和东部同甘肃相接,西北部与新疆相邻,南部和西南部与西藏毗连,东南部与四川接壤。青海山脉高耸,河流纵横,湖泊棋布,地形多样。

课本里的青海是山之宗。

"各拉丹冬有阴阳二坡,西北阴坡尽是冰雪,景色单调,东南阳坡才好看。的确,阳光使这位身披白色披风的巨人变化多端:融雪处裸露出大山黧黑的骨骼,有如刀削一般,棱角与层次毕现,富有雕塑感。"(《在长江源头各拉丹冬》,部编版语文八年级下册)

"随着一声令下,阵阵爆破声响彻雪域高原,风火山隧道开凿了。一条长长的'铁龙',从柴达木盆地深处的工业新城格尔木起步,跨过巍峨的昆仑山,将通过这里,穿越'世界屋脊'青藏高原。"(《把铁路修到拉萨去》,人教版语文五年级下册)

海拔6621米的各拉丹冬雪山是唐古拉山脉的主峰,也是长江源之一沱沱河的源头。风火山隧道是世界上海拔最高的铁路隧道,作为昆仑山脉著名的山口,风火山见证了"人间天路"——青藏铁路建设的奇迹。对于青海来说,山绝不是简单的地理存在,"赫赫我祖,来自昆仑",昆仑山自古就是中国人的精神图腾,祁连山在华夏历史的进程中曾书写过一幕幕的传奇,巴颜喀拉山、阿尔金山……一座座伟大的山脉都披覆神性的光辉。

课本里的青海是水之源。

"你从雪山走来,春潮是你的丰采;你向东海奔去,惊涛是你的气概。你用甘甜的乳汁,哺育各族儿女;你用健美的臂膀,挽起高山大海。我们赞美长江,你是无穷的源泉;我们依恋长江,你有母亲的情怀。你从远古走来,巨浪荡涤着尘埃;你向未来奔去,涛声回荡在天外。你用纯洁的清流,灌溉花的国土;你用磅礴的力量,推动新的时代。我们赞美长江,你是无穷的源泉;我们依恋长江,你有母亲的情怀。"(《长江之歌》,苏教版语文六年级下册)

"蓝天,白云,鲜艳的花,清澈的水,源头的奇景真使人迷恋。我顺着小溪,向远处望去,好像看到水越汇越多,越流

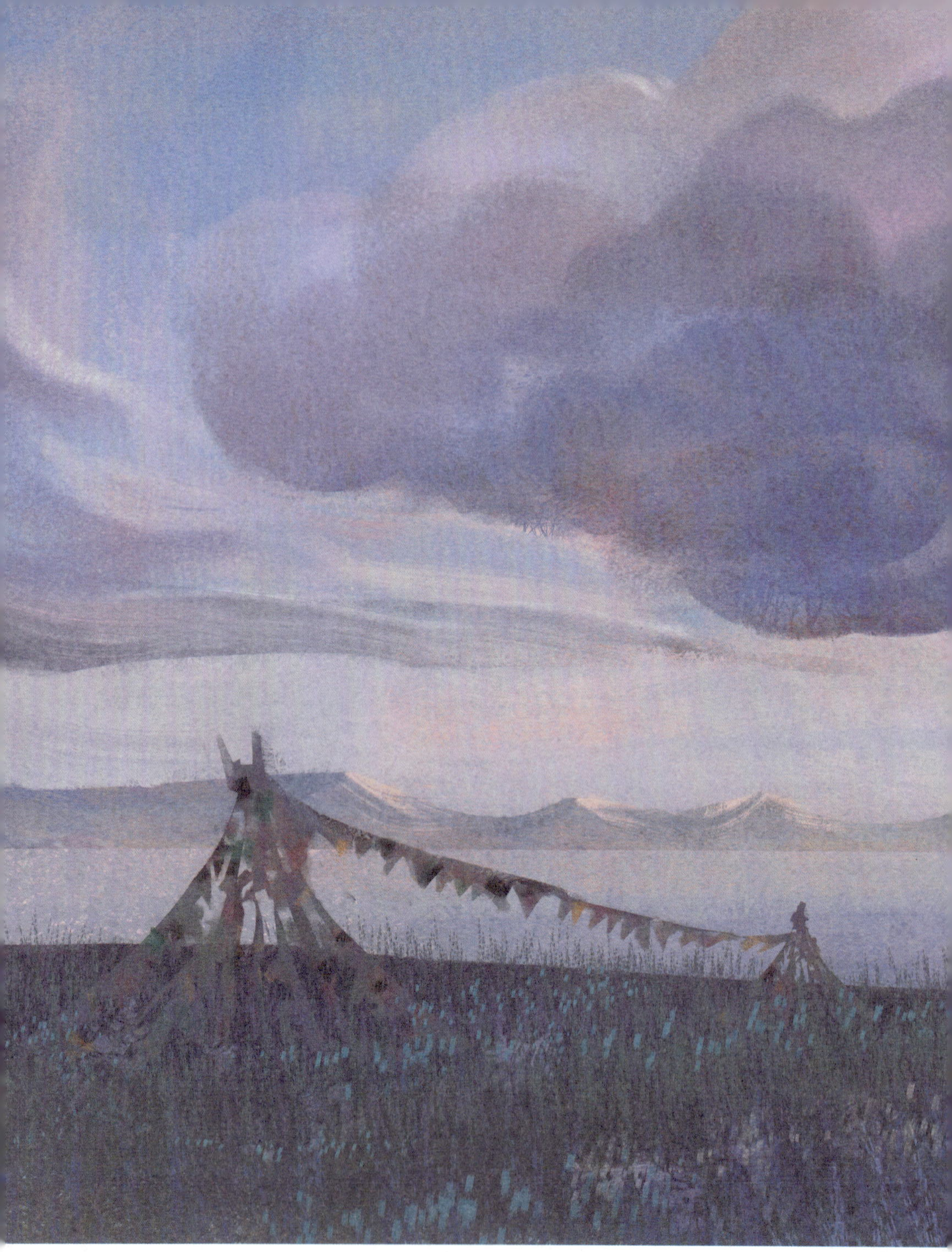

青海长云

越大，流过草地，绕过高山，越过平原，终于汇成奔腾的黄河，行程五千多千米，流入大海。"(《黄河源》，鄂教版语文五年级上册)

中华民族的母亲河——黄河、长江发源于青海，与澜沧江、黑河等形成了闻名于世的江河源头。黄河总径流量的49%，长江总径流量的1.8%，澜沧江总径流量的17%，黑河总径流量的45.1%从青海流出，青海全省面积在1平方千米以上的湖泊有242个，省内湖水总面积13098.04平方千米。青海是当之无愧的"中华水塔"。

课本里的青海是山与水的交响，山是骨架，水为血脉。山水之间，是美轮美奂的生态高地，也是万物生灵的生命摇篮。

如果说青海湖是青藏高原上璀璨的明珠，那鸟岛就是这颗明珠上最耀眼的宝石。"青海湖西部有一个叫'海西皮'的小岛，那就是闻名中外的青海湖鸟岛。每年春天，天气变暖，湖水解冻，一群一群的鸟儿就陆续从远方飞来。它们在这里筑巢安家，养育后代。六月是鸟岛最热闹的时候，各种各样的鸟儿聚在一起，小岛成了鸟的世界。一眼望去，密密麻麻的鸟窝一个挨着一个。窝里窝外，到处是玉白色的、青绿色的鸟蛋。"(《鸟岛》，苏教版语文二年级下册)

地处世界屋脊的青海平均海拔3000米以上，许多地方是生命的禁区，这里的每一个物种都具有极其顽强的生命力和毅力，就连一草一木都充满韧劲！"这是我在高原见到的唯一的一株柳树。我站在这里，目力所及，背后是连绵的铁铸一样的青山……这株柳树没有抱怨命运，也没有畏怯生存之危险和艰难，而是聚合全部身心之力与生存环境抗争，以超乎想象的毅力和韧劲生存下来，终于造成了高原上的一方壮丽的风景。"（《青海高原一株柳》，苏教版语文六年级上册）作家陈忠实用他犀利的笔触表达了对世界第三极生命力的无限崇敬，这何尝不是一种青藏高原精神的表达。

今天的青海正守护着山水湖泊的巨大生态价值，把"生态责任"扛在肩上，全省90%的国土面积已列入限制开发区和禁止开发区。同时，以三江源、祁连山国家公园体制建设为试点，全面开展以国家公园为主体的自然保护地体系示范省建设，青海已成为愿景无限的"国家大公园"。

文 / 万玛加
2019年4月14日

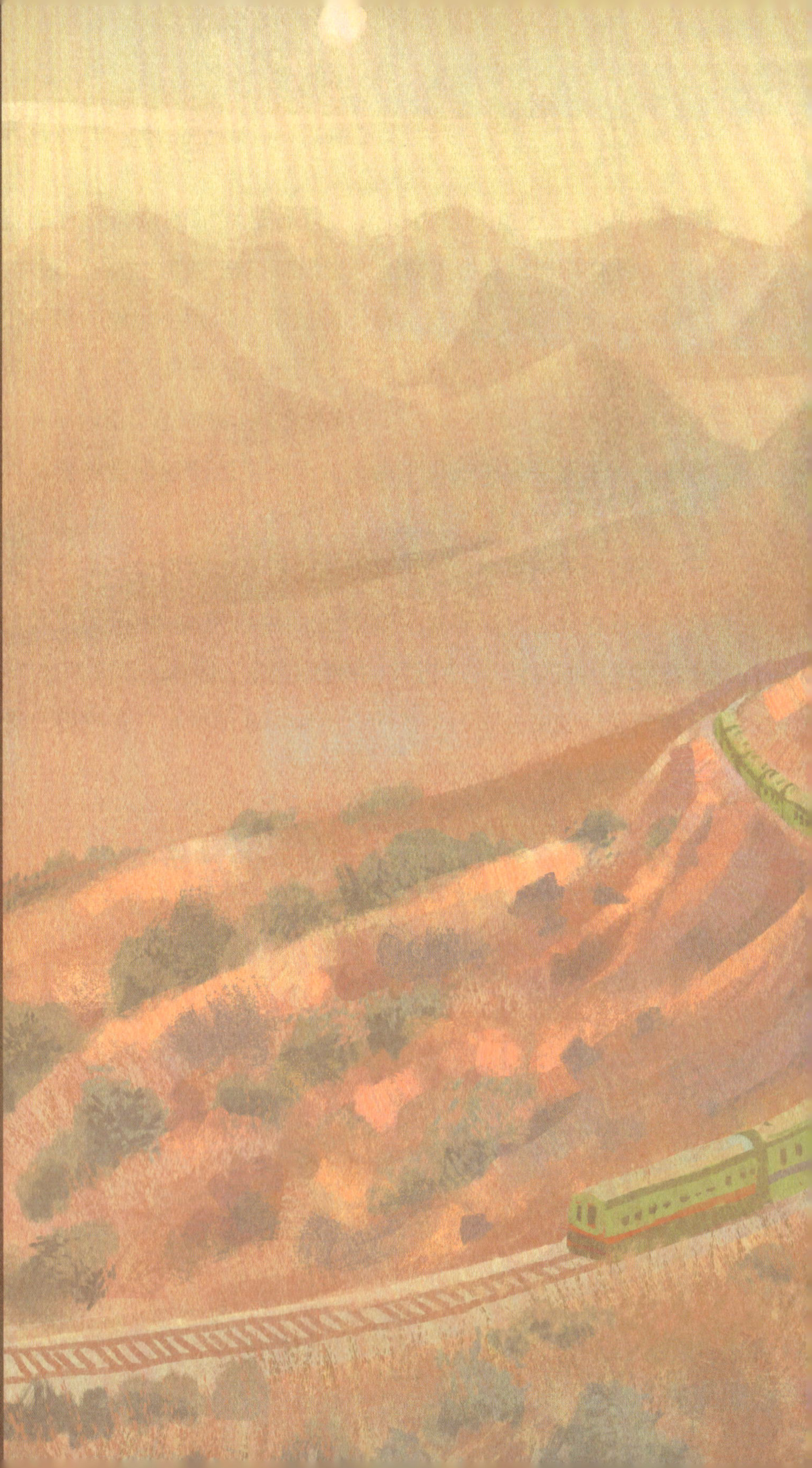

课本里的宁夏

"大漠孤烟直,长河落日圆。"(《使至塞上》,部编版语文八年级上册)公元737年春,王维奉唐玄宗之命以监察御史的身份出塞宣慰、察访军情。行至萧关(今宁夏境内),看到浩瀚无边的大漠和旖旎缓流的黄河,遂写下这"千古壮观"的名句。

宁夏三面环沙,东邻毛乌素沙漠,西毗腾格里沙漠,北接巴丹吉林沙漠。在沙害严重的地方,只要一场大风,房顶的沙子和沙漠连成一片,可以沿着沙坡走上房顶。黄沙滚滚不见路,跟着驼铃找宁夏,是曾经被沙所困的宁夏的真实写照。

"我们向沙漠进军,不但保护了农田,开辟了绿洲,而且对交通线路也起了防护作用。包兰铁路从银川到兰州的一段,要经过腾格里沙漠,其间中卫县沙坡头一带,风沙特别厉害。那里沙多风大,一次大风沙就可以把铁路淹没。有关部门在1956年成立了沙坡头治沙站,进行固沙造林。这一工作已经提前完成,包兰铁路通车以来,火车在沙漠上行驶,从来没有因为风沙的侵袭而发生事故。"(《向沙漠进军》,鲁教版语文七年级上册)通过数十年持续治理,漫天黄沙被草方格锁定,腾格里沙漠从距中卫市区只有6千米,被推延至25千米开外,实现了"人进沙退",沙化土地面积减少2584平方千米。宁夏的治沙经验,也成为"中国经验"的一部分,吸引了不少国家前来学习取经。

宁夏不只是"大漠孤烟直",更有"长河落日圆"。黄河从青藏高原一路穿山越峡,进入宁夏后一改澎湃奔流之势,缓行北进,在中华大地上写出一个大大的"几"字。大河流润,沃野千里。在"几"字一撇的臂弯里,黄河母亲慷慨地将一颗颗珍珠玛瑙般的湖泊点缀在宁夏平原翠绿的衣裙上,秦渠、汉渠、唐徕渠,这些以朝代命名且仍在流淌的古渠系,形成了"天下黄河富宁夏"的神奇造化。不少人都感慨,到了宁夏,才发现这片土地完全颠覆了脑海中的固有印象。1000多年前,塞北江南的神奇画卷,也曾让比王维生活时代略晚的唐代诗人韦蟾赞叹不已。韦蟾在诗中写道:"贺兰山下果园成,塞北江南旧有名。"一个"旧"字,恰好印证了宁夏在历史上便已有塞北江南之名。

课本中的宁夏,一面大漠无垠,一面塞上江南。农牧皆宜、

包兰铁路

水草肥美，加之战略地位重要，古时的宁夏是历代兵家必争之地，"四面边声连角起，千嶂里，长烟落日孤城闭。"（《渔家傲·秋思》，部编版语文九年级下册）在农耕民族与游牧部落对水土的拉锯战中，长城平地而起。宁夏境内长城分布之广、历史跨度之大十分罕见，因此赢得了"中国长城博物馆"之称。

"不到长城非好汉，屈指行程二万"，1935年秋，一代伟人毛泽东率红军翻越宁夏南部的六盘山，这座"胜利之山"从此留下许多红色印记，也拥有了强大的红色气场："六盘山上高峰，红旗漫卷西风。"（《清平乐·六盘山》，语文版语文五年级上册）

作为黄土高原上的一座"绿岛"，六盘山是成语"泾渭分明"中泾河以及清水河、葫芦河的发源地，生态意义举足轻重。毋庸讳言，作为西海固地区最重要的山脉，六盘山也曾是世界级贫困的地理标志。正如宁夏作家季栋梁所述："对于莘莘学子来说，七月，意义重大，是人生一个非常重要的坐标。许多人因为这样一个坐标，将彻底改变自己人生的轨迹。尤其是我们，生活在西海固这片贫瘠的土地上，七月真正是一个鲤鱼跳龙门的日子。"（《生命的节日》，华师大版高中语文三年级下册）如今，通过脱贫攻坚中的生态移民等举措，西海固"一方水土养育不了一方人"的历史正在彻底改变——"精准扶贫"的长缨在手，缚住贫困苍龙的时日还会远吗？

文／王建宏
2019年3月17日

课本里的新疆

"朋友,你到过天山吗?天山是我们祖国西北边疆的一条大山脉,连绵几千里,横亘准噶尔盆地和塔里木盆地之间,把广阔的新疆分为南北两半。远望天山,美丽多姿,那长年积雪高插云霄的群峰,像集体起舞时的维吾尔族少女的珠冠,银光闪闪;那富于色彩的连绵不断的山峦,像孔雀正在开屏,艳丽迷人。"这是当代作家、散文家碧野在《天山景物记》里对新疆的描写,令人禁不住对新疆产生强烈的向往。

翻开中国地图,放眼望向西部,我国陆地面积最大的省级行政区新疆维吾尔自治区赫然展现在人们的眼前。这片辽阔的土地,因为辽阔,令人向往;因为辽阔,充满神秘。

新疆的神秘源自它深厚的历史文脉。自张骞凿通西域后,这片神秘的土地上众多历史名人来来往往。

开创唐代边塞诗先河的诗人之一岑参,曾两度出使西域。天宝年间,岑参第一次远赴西域,充安西节度使高仙芝幕府书记。他告别了在长安的妻子,跃马踏上漫漫征途。也不知走了多少天,就在通西域的大路上,他忽地迎面碰见一位老相识。勒马而谈,互叙寒温,知道对方要返京述职,顿时想到请他捎封家信回长安去,就有了这首诗:"故园东望路漫漫,双袖龙钟泪不干。马上相逢无纸笔,凭君传语报平安。"(《逢入京使》,部编版语文七年级下册)

"君不见走马川行雪海边,平沙莽莽黄入天。轮台九月风夜吼,一川碎石大如斗,随风满地石乱走。"(《走马川行奉送封大夫出师西征》,人教版语文九年级下册)在封常清担任北庭节度使时,岑参为其幕府判官。而北庭故城就在今新疆昌吉回族自治州吉木萨尔县境内。岑参在这里的几年,对边塞风光、军旅生活,以及少数民族的文化风俗有了切身的感受,催生出他笔下的西域景象。"将军金甲夜不脱,半夜军行戈相拨,风头如刀面如割。马毛带雪汗气蒸,五花连钱旋作冰,幕中草檄砚水凝。虏骑闻之应胆慑,料知短兵不敢接,车师西门伫献捷。"(《走马川行奉送封大夫出师西征》,人教版语文九年级下册)岑参在诗中抓住有边地特征的景物来状写环境的艰险,从而衬托士卒们大无畏的英雄气概。诗虽叙征战,却以叙寒冷为主,暗示冒雪征战之伟功。语句豪爽，如风发泉涌，真实动人。全诗句句用韵，三句一转，节奏急切有力，激越豪壮，别具一格。

"北风卷地白草折，胡天八月即飞雪。忽如一夜春风来，千树万树梨花开……轮台东门送君去，去时雪满天山路。山回路转不见君，雪上空留马行处。"（《白雪歌送武判官归京》，人教版语文八年级下册）这是岑参另一首著名边塞诗。这首诗句句咏雪，勾勒出天山的奇寒。全诗连用四个"雪"字，写出别前、饯别、临别、别后四个不同画面的雪景，景致多样，十分动人。

"罗布泊，一望无际的戈壁滩，没有一棵草，一条溪，夏季气温高达70℃。罗布泊，天空中不见一只鸟，没有任何飞禽敢于穿越。可是，从前的罗布泊不是沙漠。在遥远的过去，那里却是牛马成群、绿林环绕、河流清澈的生命绿洲。罗布泊，'泊'字左边是三点水啊！"（《罗布泊，消逝的仙湖》，人教版语文八年级下册）被称为"生命禁区"的罗布泊，历史上曾孕育出著名的楼兰古国，这里当年的热闹繁华，在课本中可以找到踪迹。"昔日塔里木盆地丰富的水系滋润着万顷绿地。当年张骞肩负伟大历史使命西出阳关，当他踏上这片想象中荒凉萧瑟的大地时，却被它的美丽惊呆了。映入张骞眼中的是遍地的绿色和金黄的麦浪，从此，张骞率众人开出了著名的丝绸之路。"（《罗布泊，消逝的仙湖》，人教版语文八年级下册）

新疆，就这样在文人墨客的笔下，以其雄浑，以其辽阔，以其俊秀，以其神秘，以其极厚的历史感，走进了人们的视野。

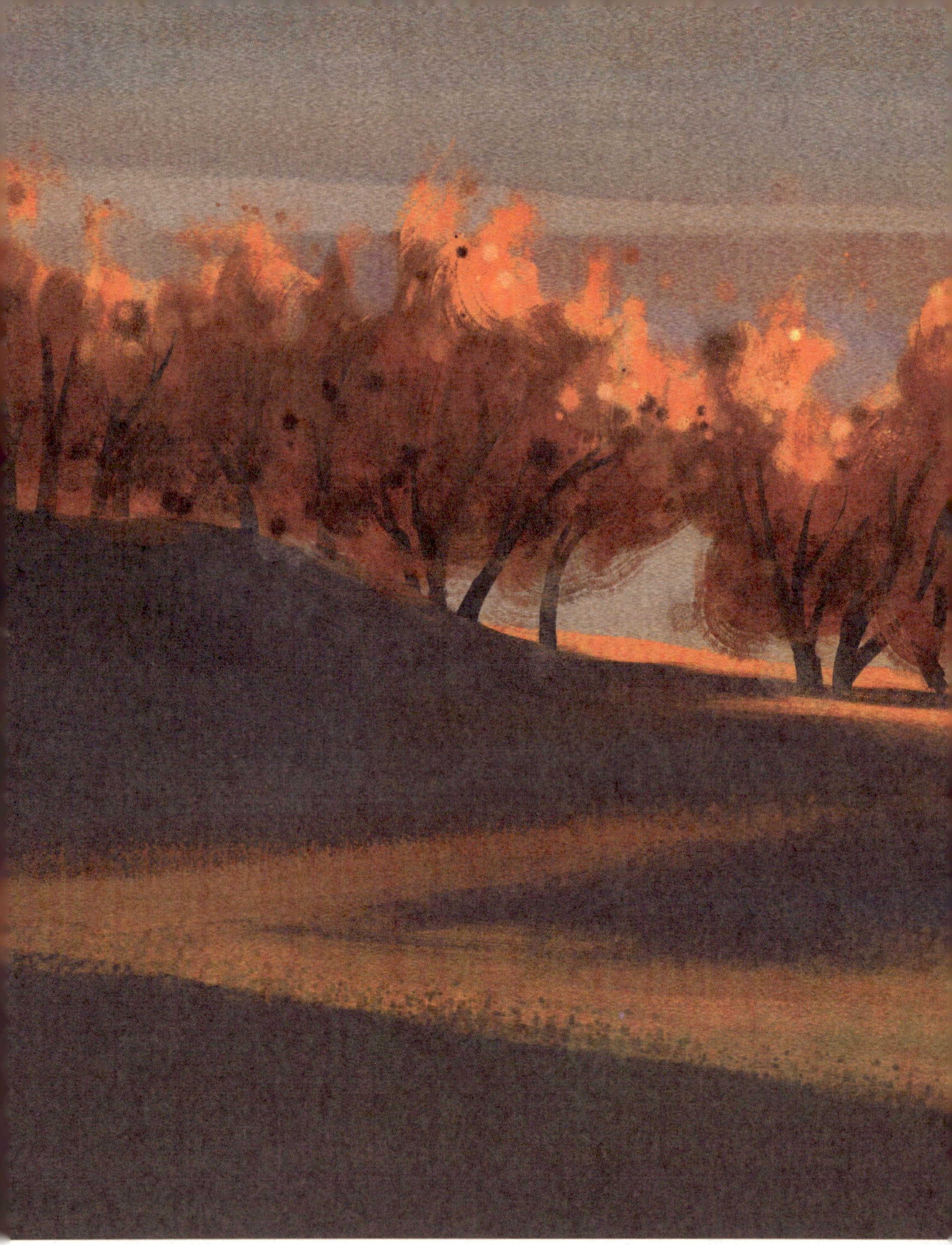

胡杨林秋色

而更多的当代作家,则把笔墨放在了新疆的大美上,让天山南北的自然风光、人文历史或娓娓道来,或轰然展现,或平静告知,成为人们的向往。

当茅盾来到新疆时,新疆大地上最普通不过的白杨树,触发了他的灵感,让他写下了这篇著名散文:"那是力争上游的一种树,笔直的干,笔直的枝……这是虽在北方风雪的压迫下却保持着倔强挺立的一种树!哪怕只有碗那样粗细,它却努力向上发展,高到丈许,两丈,参天耸立,不折不挠,对抗着西北风。这就是白杨树,西北极普通的一种树,然而决不是平凡的树!"(《白杨礼赞》,部编版语文八年级上册)

"新疆吐鲁番有个地方叫葡萄沟。那里盛产水果。五月有杏子,七八月有香梨、蜜桃、沙果,到了八九月份,人们最喜爱的葡萄成熟了。"(《葡萄沟》,部编版语文二年级上册)新疆地大物博,物产丰富,吐鲁番的葡萄就是其中杰出的代表。"要是这时候你到葡萄沟去,热情好客的维吾尔族老乡,准会摘下最甜的葡萄,让你吃个够。"

"七月的新疆,最理想的是骑马上天山。"(《七月的天山》,部编版语文四年级下册)这是《天山景物记》在小学语文课本中的节选。"进入天山,戈壁滩上的炎暑被远远地抛在后边,迎面送来的雪山寒气,会使你感到像秋天似的凉爽。蓝天衬着高耸的巨大的雪峰,太阳下,雪峰间的云影就像白缎上绣了几朵银灰色的花。融化的雪水,从峭壁断崖上飞泻下来,像千百条闪耀的银链,在山脚下汇成冲激的溪流,浪花往上抛,形成千万朵盛开的白莲。每到水势缓慢的洄水涡,都有鱼儿在欢快地跳跃。这个时候,饮马溪边,你骑在马上,可以俯视阳光透射到的清澈的水底,在五彩斑斓的溪水和石子之间,鱼群闪闪的鳞光映着雪水清流,给寂静的天山增添了无限生机。"(《七月的天山》,部编版语文四年级下册)

看到这里,你还坐得住吗?赶快来新疆吧,大美新疆欢迎你。就如碧野所写:"如果哪一天你有豪情去游天山,临行前别忘了通知我一声,也许我能给你当一个不很出色的向导。不过当向导在我只是一个漂亮的借口,其实我私心里很想找个机会去重游天山。"

文 / 王 瑟
2019 年 1 月 13 日

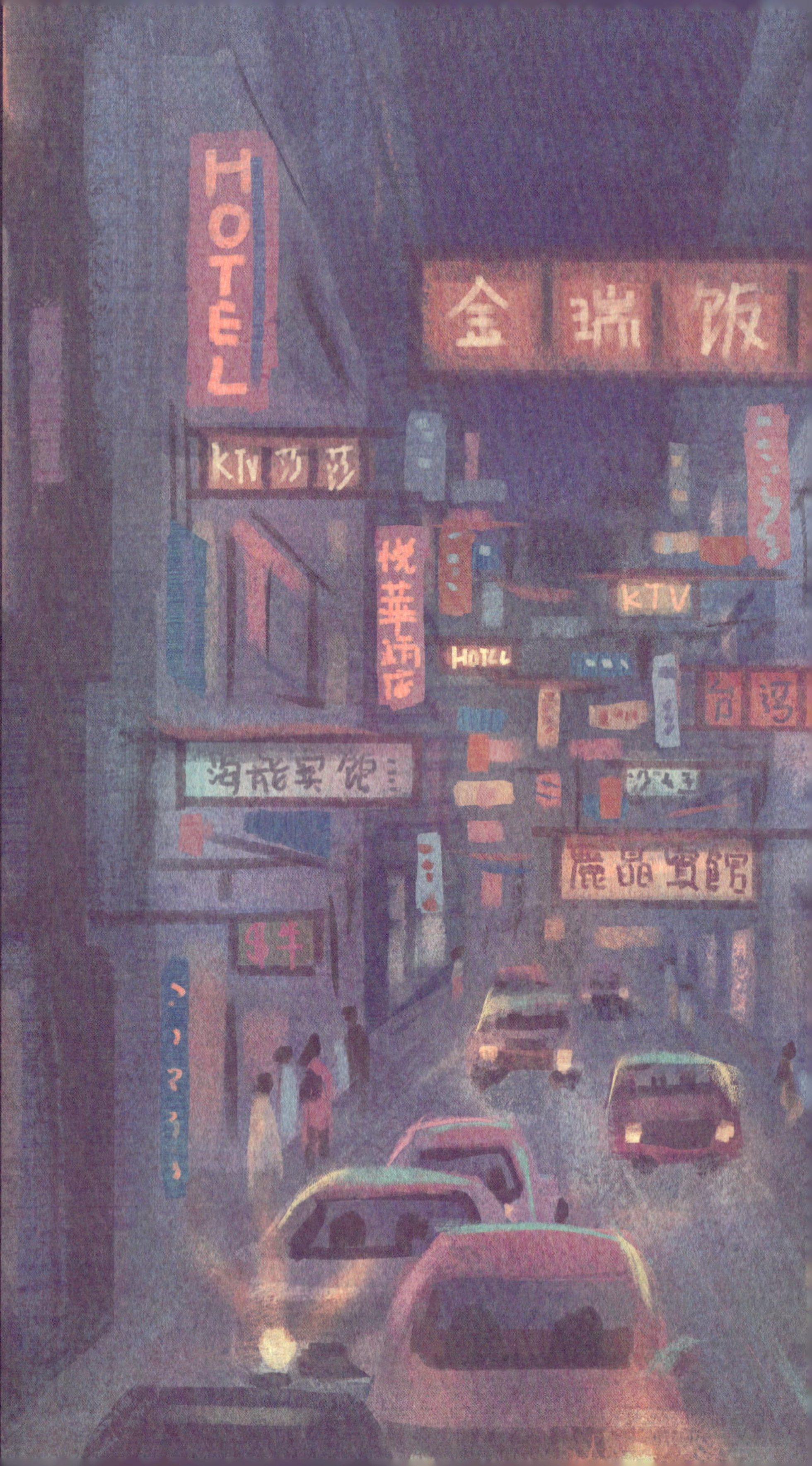
HOTEL
金瑞飯
KTV
HOTEL
KTV
麗晶賓館

课本里的香港

"小河弯弯向南流,流到香江去看一看。"提起香港,人们的脑海中自然而然就会响起这首《东方之珠》的婉转旋律,浮现香港电影中流光溢彩、霓虹绚烂的街景,闪过"维多利亚港""太平山""铜锣湾""尖沙咀"这些别具港式风情的地标。

作为国际金融、贸易、航运中心,昼日里的香港,总是热闹而繁忙的。"香港是我国通向世界的南大门,那里有迷人的沙滩、著名的公园和繁华的街市……铜锣湾是全港三大闹市口之一。摩天大厦鳞次栉比,商店里的各种商品琳琅满目,宽阔的街道上人流如潮。"(《"东方之珠"》,苏教版语文三年级上册)

课本里的中国

"游香港看香港，那山那水那情那景给我留下美好的印象。然而最使人流连和难以忘怀的是那灯火辉煌的夜晚，难怪'香江灯火'有'世界四大夜景之一'的美称。"(《香港夜色》，西师大版三年级语文下册）——作为世界三大天然良港之一的维多利亚港所在地，夜里的香港，总是灯火通明如同"不夜城"。"灯火里的维多利亚湾，飘洒着金辉银光。白天一片蓝悠悠的海滨，此刻融下了两岸万千广厦映照的灯光。那缓缓行驶的万吨巨轮和来回穿梭的渡轮，那游艇上挂着的横的灯串、直的灯柱，红红绿绿，黄黄白白，相映成趣，把夜的港湾装点得如同白昼。"（《香港夜色》，西师大版语文三年级下册）

然而，历史总能让人穿过眼前的繁华，回溯那段永远不能磨灭的历史——由于港阔水深，一年四季皆可自由进出，19世纪起英国人就开始觊觎香港，想要在这里发展远东的海上贸易。1840年，英国发动鸦片战争，并于1842年强迫清政府割让香港岛；1856年，英法两国发动第二次鸦片战争，于1860年迫使清政府割让九龙半岛给英国；1898年，英国又强行租借了新界地区，租期为99年。从第一次鸦片战争英国占领香港，香港开始了长达156年屈辱的殖民统治。

我好比凤阙阶前守夜的黄豹，
母亲呀，我身份虽微，地位险要。
如今狞恶的海狮扑在我身上，

啖着我的骨肉，咽着我的脂膏；

母亲呀，我哭泣号啕，呼你不应。

母亲呀，快让我躲入你的怀抱！

母亲！我要回来，母亲！

（《七子之歌（二首）·香港》，北师大版语文四年级下册）

回看19世纪末、20世纪初的中国，积贫积弱，饱受列强欺凌。爱国诗人闻一多因此选择了香港、澳门、台湾等七块"失养于祖国，受虐于异类"的领土，"臆其悲哀之情……以抒其孤苦亡告，眷怀祖国之哀忱，亦以励国人之奋斗云尔"，希望能"'精诚所至，金石能开'……中华'七子'之归来其在旦夕乎"！

作为我国自古以来不可分割的一部分，香港的一寸土地、分毫主权都不能丢失！

为了团圆，中国政府经历了将近半个世纪的不懈努力——中华人民共和国成立后，中国政府多次阐明对香港问题的立场：香港是中国的领土，中国不承认帝国主义强加给中国的不平等条约。解决香港问题，是中国主权范围内的事情。本着尊重历史，尊重现实的态度，以适当方式解决。在改革开放的历史条件和时代背景下，邓小平提出了"一国两制"的伟大构想，并以此为指引，通过同英国的外交谈判，顺利解决了历史遗留问题。

"关于主权问题，中国在这个问题上没有回旋余地。坦率地讲，主权问题不是一个可以讨论的问题。现在时机已经成熟了，

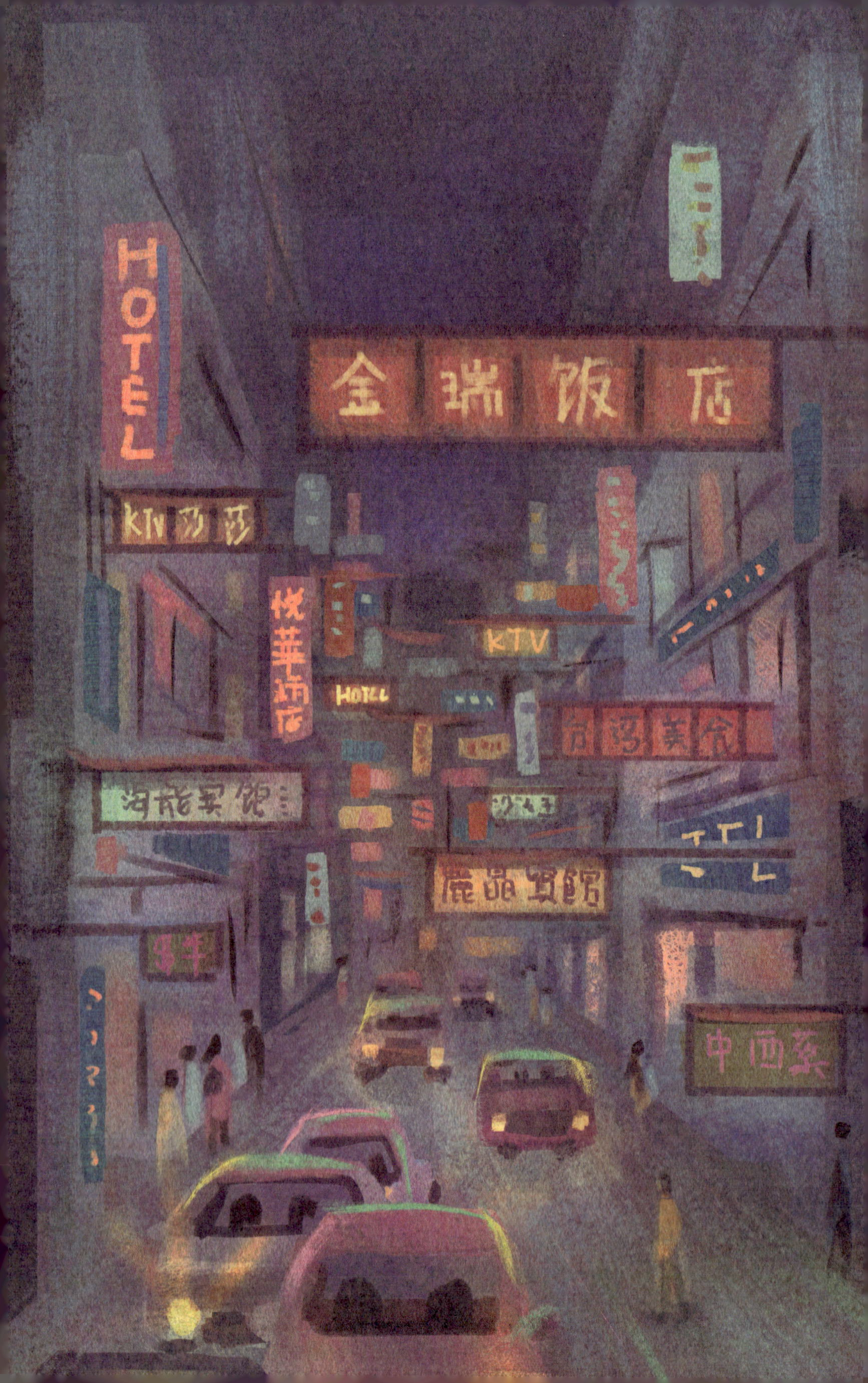
HOTEL
金瑞飯店
KTV
中西藥

应该明确肯定：一九九七年中国将收回香港。就是说，中国要收回的不仅是新界，而且包括香港岛、九龙。中国和英国就是在这个前提下来进行谈判，商讨解决香港问题的方式和办法。如果中国在一九九七年，也就是中华人民共和国成立四十八年后还不把香港收回，任何一个中国领导人和政府都不能向中国人民交代，甚至也不能向世界人民交代。"（《我们对香港问题的基本立场》，北师大版高中语文必修一）1982年9月24日，邓小平会见英国首相撒切尔夫人时斩钉截铁地表示。

谈判的过程曲折而艰辛，前后共历时两年，最终达成了协议。1984年，中英两国政府签署了《中华人民共和国和大不列颠及北爱尔兰联合国关于香港问题的联合声明》，确认中华人民共和国政府于1997年7月1日对香港恢复行使主权，英国于同日将香港交还中国。

1997年7月1日，香港回到祖国怀抱，洗刷了民族百年耻辱，完成了实现祖国统一的重要一步。举国上下欢欣鼓舞、激动人心的景象仍然深深留在每一位见证了这段历史的人眼中。

如今，香港回归祖国已经23年了，"一国两制"实践在香港取得举世公认的成功，站在新起点的香港一定能够创造更大辉煌，一定能够同祖国人民一道共享中华民族伟大复兴的荣光。

文 / 党文婷
2020年

澳
门
塔

课本里的澳门

将时间回拨到1999年，20世纪的最后一年，同时也是澳门回归祖国之年。这一年，一首带着浓郁广东潮汕特色的歌曲《七子之歌——澳门》一时间回响在祖国的大江南北和大街小巷。领唱的澳门女孩儿容韵琳稚嫩而烂漫的童声，时而悠扬时而恢宏的曲调，以及饱含热泪与深情的歌词，可谓佳作逢吉时。在这首歌曲传唱的背后，是一段历经三百年的分离与等待，更是彼时国人对于骨肉亲情回归重聚的欣喜与期待。

也正是在这极具纪念意义的一年，一部我国近代著名爱国主义诗人闻一多于1925年3月在美国留学期间创作的组诗作品《七子之歌》，重新走进了人们的视野，再次为大家所关注和诵读。

"你可知'妈港'不是我的真名姓？我离开你的襁褓太久了，母亲！但是他们掳去的是我的肉体，你依然保管着我内心的灵魂。三百年来梦寐不忘的生母啊！请叫儿的乳名，叫我一声'澳门'！母亲！我要回来，母亲！"（《七子之歌（二首）·澳门》，北师大版语文四年级下册）

借由歌曲的传唱，这首为澳门而作的《七子之歌》成了大家最为耳熟能详的一首。而未到过澳门的人们，对于澳门的了解，除了极具欧陆建筑风格特点的大三巴牌坊，印象最深刻的，大概就是这座陆地面积仅有32.9平方千米的城市之小了。

澳门有多小呢？借用作家李杭育的说法："初到澳门，你可能一下子不太习惯。什么都那么小，除了大厦和高楼，街道、桥梁、广场……仿佛都是为了拍电影而搭的布景……小巧的澳门大大节省了人们的时间和交通费用。举个例子，你5分钟前还在繁华的闹市区购物，5分钟后，即使你步行，也已走到了海边。你的活动从购物转为观景，只花费5分钟步行的成本。澳门总共只有这么几条街道，城市里每天发生的变化你都清清楚楚：什么地方在建房子，哪条街上又开了一家餐馆，哪个社团又在搞什么活动……这个家园并非样样簇新，但给人的感觉

总是舒适、整洁、井井有条。"(《澳门——小而美的城市》，西师大版语文四年级下册）

李杭育这篇访澳随笔以作家的视角和情思，描摹了澳门之小。但正是这小小的澳门，在这方不到40平方千米的土地上，回归后在各项建设事业上交出了让人眼前一亮的发展成绩单。2019年，适逢澳门特别行政区回归祖国20周年，习近平主席视察澳门，对澳门回归祖国20年来经济社会发展取得的历史性成就、发生的历史性变化，给予高度评价，指出澳门"小而富""小而劲""小而康""小而美"，让"澳门同胞和全国人民深感自豪"。

习近平主席还在这一年的儿童节和重阳节前后，分别回信澳门濠江中学附属英才学校的小学生们，以及澳门街坊总会颐骏中心长者义工组的老人们，向他们致以问候和勉励。

濠江中学创建于1932年，以爱国爱澳、为社会培育人才为办学宗旨，是澳门中小学生人数最多的学校。该校素有爱国主义传统，1949年10月1日新中国刚刚成立，时任校长的杜岚就带领学校师生升起了第一面五星红旗。

对于小学生们信中讲述的他们对"祖国母亲"含义的理解，以及长大后把祖国和澳门建设得更美好的决心，习近平主席在回信中表示："我经常想起《七子之歌》，歌中表达的游子对回到母亲怀抱的渴望十分感人。回归祖国20年来，澳门发展日新月异，澳门同胞工作生活越来越好。祖国是澳门的坚强依靠，你们从小就懂得这个道理，我十分欣慰。"

澳門塔

课本里的中国

澳门街坊总会是历史悠久的爱国爱澳社团,也是澳门最大的社会服务提供者,有"澳门最大的居委会"之称,成立于2007年的澳门街坊总会颐骏中心,是一家专业的老年人服务机构。

习近平主席回信中"希望你们坚持老有所为、继续发光发热,多向澳门青年讲一讲回归前后的故事,鼓励他们把爱国爱澳精神传承好,积极参与粤港澳大湾区建设,携手把澳门建设得更加美丽"的殷切勉励,以及"健康长寿、生活幸福"的关心祝福,不单让老人们,更让澳门社会各界感到激动、开心和幸福。

两封往来书信,折射出了澳门同胞对于今日发展的自豪,以及对于祖国母亲的深深感恩。如今的澳门,早已不复《七子之歌》中的悲凉与无助,正乘着融入国家发展大局的东风,驶向生活更加美好的彼岸。

文/王忠耀 吴春燕
2019年10月7日

课本里的台湾

俯视中华大地，在祖国东南海域上，有一座形似芭蕉叶的美丽岛屿，格外娇翠欲滴、鲜亮可人，这就是宝岛台湾。

作为中国第一大岛，台湾有着丰富的自然资源和浓郁的人文气息，在中小学语文课本里留下了诸多印记。翻开课本，多姿多彩的宝岛风情映入眼帘，两岸人民血浓于水的同胞亲情氤氲在广阔天地间。

课本里的台湾，有着美丽迷人的自然风光。

"满眼是未加采伐的原始森林。潭无鱼鳖，林无鸟兽，偶或有如蝉、如蝇、如蚊的声音，侧耳谛听、分辨、捕捉，却又没有了。那是静谧的世界、净洁的世界，甚至可以说是禅的世界。偶有人声也是悄悄的，舍不得打破山间的安宁。同行者都在深深地吸气，仿佛要把整个阿里山的空气都吸进去，不再吐出来。"（《阿里山纪行》，苏教版语文八年级上册）这是"高山长青、涧水长蓝"的阿里山，作家吴功正于1997年畅游阿里山，在移步换景中借物抒情，用富于音乐美和情韵美的语言，由衷地赞美"阿里山的风光美如画"。

"日月潭很深，湖水碧绿。湖中央有个美丽的小岛，叫光华岛。小岛把湖水分成两半，北边像圆圆的太阳，叫日潭；南边像弯弯的月亮，叫月潭。清晨，湖面上飘着薄薄的雾。天边的晨星和山上的点点灯光，隐隐约约地倒映在湖水中。中午，太阳高照，整个日月潭的美景和周围的建筑，都清晰地展现在眼前。要是下起蒙蒙细雨，日月潭好像披上轻纱，周围的景物一片朦胧，就像童话中的仙境。"（《日月潭》，部编版语文二年级上册）这是有着"海外别一洞天"美称的日月潭，毕生致力地理学研究的吴壮达，被台湾最大的天然淡水湖日月潭所吸引，他笔下的日月潭秀丽俊美，成为无数学生对台湾的最初印象。

"台湾的山多，山谷也多。每年春季，一群群色彩斑斓的蝴蝶飞过花丛，穿过树林，越过小溪，赶到山谷里来聚会。人们就把这些山谷叫做蝴蝶谷。蝴蝶谷里的景象非常迷人。有的山谷里只有一种黄颜色的蝴蝶，在阳光的照耀下，金光灿灿，十分壮观。有的山谷里有几种蝴蝶，上下翻飞，五彩缤纷，就像谁在空中撒了一把把五颜六色的花瓣，随风飘来，又随风飘去。"（《台湾的蝴蝶谷》，苏教版语文二年级下册）这是台湾随处可见的蝴蝶谷美景。四面环海、气候宜人、雨量充沛的台湾，非常适合蝴蝶的繁殖和生长。"台湾的蝴蝶种类之多、数量之大都位居世界前列，所以人们不禁发出了'台湾蝴蝶甲天下'的赞叹。"（《台湾蝴蝶甲天下》，语文版语文四年级上册）

课本里的台湾，镌刻着英雄人物的丰功伟绩。

关于阿里山，有着这样一个传说："很久以前，东南沿海的武夷山是和台湾的阿里山连在一起的……在大山的西边住着母女二人。母亲勤劳善良，女儿花珊十九岁，美丽、聪明又勇敢。花珊看到人们被妖怪害得生活不下去，心里很难过。她决心除掉妖怪……花珊跳到妖怪身上，举起大刀，朝它的脖子使劲砍去，直砍得妖怪乱蹦乱跳。忽然，她觉得大地在向下陷，只听一声巨响，高大的武夷山断为两半，中间出现了一条很深的沟，妖怪'轰'的一声，掉到了沟底。花珊一下子跳到了山的东边。这时，奔腾的海水涌进了大沟，形成了台湾海峡。那断裂的大山，西边就是现在的武夷山，东边就是现在台湾的阿里山……据说，日月潭水就是女儿想念母亲流下的眼泪！"（《武夷山和阿里山的传说》，人教版语文四年级下册）花珊姑娘勇敢除妖的

日月潭

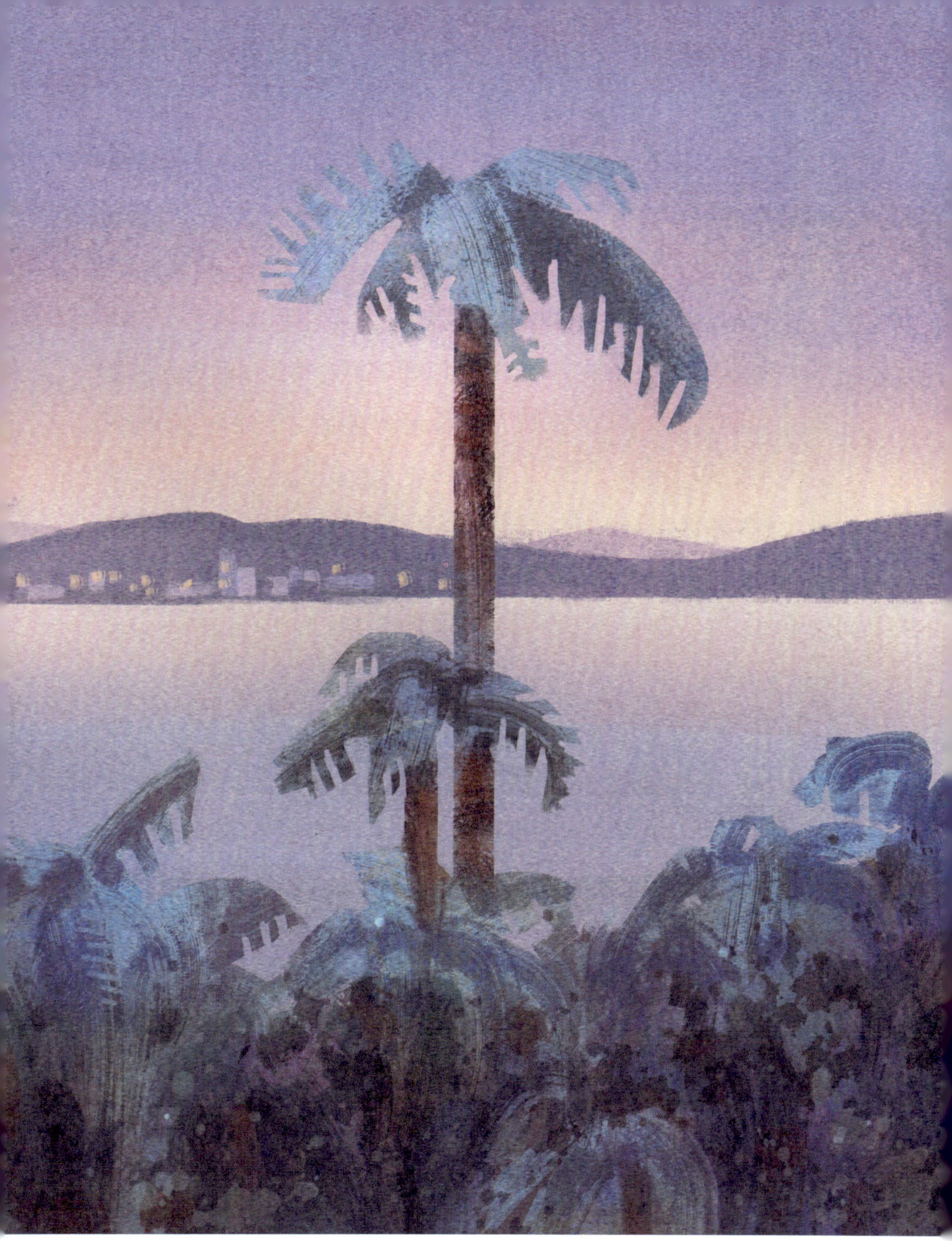

英雄事迹深深打动人们，她保卫家园的精神在中华儿女间一脉相传。

自古以来，台湾就和祖国大陆山水相依、血肉相连，台湾是中国领土不可分割的一部分。"明朝末年，荷兰侵略者强占了我国的宝岛台湾。他们残酷地奴役台湾同胞，台湾人民恨透了这伙强盗。"(《郑成功》，苏教版语文六年级上册)1661年，郑成功率军横渡台湾海峡，翌年击败荷兰驻军。收复台湾后，他在台湾大力发展生产，但不久即病死。"这位伟大的民族英雄，虽中年英逝，但他收复宝岛台湾的丰功伟绩，永远铭记在中华儿女的心中。著名文学家、史学家郭沫若曾撰写一副对联，赞颂郑成功的历史功绩：'开辟荆榛千秋功业，驱除荷虏一代英雄。'"(《郑成功收复台湾》，语文版语文五年级下册)民族英雄郑成功维护了中华民族的利益，捍卫了中国主权和领土完整，他的伟大功业永远镌刻在中国人心里。

课本里的台湾，弥漫着两岸人民浓得化不开的乡愁。

"小时候／乡愁是一枚小小的邮票／我在这头／母亲在那头／长大后／乡愁是一张窄窄的船票／我在这头／新娘在那头／后来啊／乡愁是一方矮矮的坟墓／我在外头／母亲在里头／而现在／乡愁是一湾浅浅的海峡／我在这头／大陆在那头"(《乡愁》，部编版语文九年级上册)，诗人余光中借邮票、船票、坟墓、海峡这些实物，把抽象的乡愁具体化，融亲情、爱情、乡情和祖国情为一体，在浅白真率的语言中，流露出浓厚的感情。这首脍炙人口的诗,将台湾人民对祖国的绵绵思念凝结在"乡愁"之中,"以乡愁之诗撼动亿万华裔"。

乡愁,业已成为中国人共同的情感牵挂。在两岸人民经年累月的共同演绎中,乡愁的内涵愈渐丰满。

乡愁,凝聚着海峡两岸同根同源的民族认同。"校园里很静。我走近一间教室,站在窗外,见一位年轻的台湾教师,正在教孩子们学习祖国的文字。他用粉笔在黑板上一笔一画地写着:'我是中国人,我爱中国。'……我紧紧地握着这位年轻的台湾教师的手,激动地重复着他刚才教给孩子们的那句话:'我是中国人,我爱中国。'还有什么别的话比这句最简单的话更能表达我此时的全部感情呢?"(《难忘的一课》,人教版语文五年级上册)抗日战争胜利后,作者在台湾的一所乡村小学,见到一位年轻的台湾教师认真教孩子们学习祖国文字而备受感动。海峡两岸同根同源,台湾人民热爱祖国的深厚情感正是对骨肉亲情和民族认同的生动诠释。

乡愁,融汇了两岸人民守望相助的深情大义。课文《跨越海峡的生命桥》(人教版语文四年级上册)讲述了一个感人故事:大陆青年小钱患了严重的白血病,台湾同胞冒着生命危险,用爱心挽救了他的生命。"两岸骨肉同胞用爱心架起了一座跨越海峡的生命桥。也许,小钱和这位台湾青年永远不会见面,这并不重要,因为两岸同胞的心是连在一起的。那血脉亲情,如同生命的火种,必将一代一代传下去。"两岸同胞血浓于水、守望相助的天然情感，在悠长的岁月中历久弥新，必将助力两岸人民携手前行，共同奔赴美好未来。

  这就是台湾，课本里的台湾，我们心目中的台湾，中华民族不可分割的一部分。

文 / 方　莉